不動心のコツ

どっしりと構えて生きる96の方法

植西 聰

自由国民社

まえがき

誰かから悪口を言われることがあると思います。

嫌味なことを言われることもあると思います。

侮辱的なことを言われることもあるでしょう。

面と向かって直接言われることもあるでしょうし、あるいは、自分が知らないところで陰口を言いふらされていることもあります。

ＳＮＳ（友人や知人、あるいは仕事の関係者などとのコミュニケーションを円滑にするためのインターネットサービス）を通して、悪口を拡散されてしまうケースもあるでしょう。

考えてみれば、人は、このような悪口、嫌味、侮辱などに、毎日のようにさらされながら暮らしているのが実態ではないでしょうか。

誰かから、言葉によって不愉快な思いにさせられるような出来事は、日常茶飯事《にちじょうさはんじ》と言ってもいいのです。

そういう意味で、そのような悪口や嫌味や侮辱に振り回されないで済む方法を考えることは、人が幸せに生きていくための重要なポイントの一つになると思います。

そのために重要なのが**「不動心《ふどうしん》」**です。

相手から嫌なことを言われても、それに動じない心を持つ、ということです。

相手の言葉に惑わされたり、怒ったり、イライラしたりすることなく、しっかりと自分を保ちながら、自分のやるべきことをたんたんと進めていく能力を身につける、ということです。

この「動じない」という能力を持っていないと、何かと嫌味や悪口を言ってくる人が多い今の世の中を逞《たくま》しく生き抜いていくことができません。

自分の願望や夢を実現できません。

本書は、そういう意味で、悪口や嫌味や侮蔑的な言葉に上手に対処していくためのヒントを数多く集めて解説してあります。

まず大切なことは、相手の悪口などに、こちらまで感情的になって戦《たたか》おうと思わないことです。

こちらもひどい言葉を使って、相手を打ち負かそうと思わないことです。

そんなことをすれば、相手も負けてはいません。激しい言い争いになって、結局は、嫌な思いを引きずっていかなければならなくなります。

それよりも、うまくかわしたり、いなしたりしていくほうが賢明です。そのほうが、自分が傷つく心配はないのです。

いわば「戦わずして、勝つ」という方法です。

相手を**打ち負かすことが、勝ちなのではありません。**

相手の攻撃的な言葉から**「自分を守る」ということが勝ちなのです。**

また、他人に何かを言われても、自分の信念を動じない心で守っていく、という方法もあります。これもまた「自分を守る」ということです。

そうやって心の平安を守り、自分が夢に向かって努力していくのを、誰にも邪魔《じゃま》されないという状況を作ることは、自分自身にとっての勝ちなのです。

そのことをまず十分に理解してから、悪口を言ってくる相手にどう対処するかを考えることが大切です。

著者

目次

第1章　動じない発想をする　15

第2章 「堂々とした態度」で動じない 39

第3章　あくまでも自分自身を信じていく　61

第4章　感情的になるのを防ぐ　85

第5章　客観的な意識の持ち方を学ぶ　109

第7章　困った人に振り回されない　157

第8章　恥をかかされても、怒らない　181

第9章　好きなこと、やりたいことを貫く　203

第1章
動じない発想をする

ひと呼吸置くことで、気持ちの落ち着きを取り戻す

◆深呼吸して、冷静に対処策を考える

人はなぜ、人の悪口を言うのでしょうか?

悪口を言う人の心理的な背景にあるのは、多くの場合、嫉妬《しっと》や妬《ねた》みの感情ではないかと思います。

悪口を言う人は、幸せそうな人を見て、言いようのない妬みを感じます。

なぜなら、その人自身が、仕事も人生もうまくいっていない状況にあるからです。

ですから、幸せそうな人を見ると、悔しくてしょうがありません。

そこで、悪口や嫌味を言って、どうにかして幸せそうな人の気持ちをかき乱してやろうと企《たくら》むのです。

大切なことは、そんな**相手の挑発に乗らない**ことです。

頭にくること、不愉快なことを言われたとしても、心に防波堤を作って、相手の言葉を受けつけないということです。

決して動じることなく、冷静に対処するようにするのです。

そのために方法の一つに、**「ひと呼吸置く」**というものがあります。つまり、**一回深呼吸してみる**のです。

たとえば、直接誰かから悪口を言われたとします。

もちろん腹立たしい気持ちになるでしょうが、そこで即座に「バカにするな」と反応してしまわないことが大切です。

そこで、深呼吸してみるのです。ほんの短い時間であっても、深呼吸することで、瞬間的にカッとなることがあっても、気持ちの落ち着きを取り戻すことができます。

そして、相手の悪口に対してどのように対処すればいいのかを、冷静に考えることができるのです。

平気で悪口を言う人は「精神的に子供だ」と知る

◆感情的になって言い返すのは「善い戦い方」ではない

頭にくること、不愉快なことを言ってくる人は、そうすることによって、他人を挑発している場合があります。

他人の感情をかき乱し、怒らせて、そして嫌な思いをさせてやろうと仕組んできているのかもしれないのです。

大切なことは、その人の挑発にまんまと乗ってしまわないことです。

相手の挑発に乗って、感情的になって言い返してしまったら、それこそ相手の思うツボです。

古代中国の思想家である老子（紀元前7～6世紀）は、**「善《よ》く戦《たたか》う者は怒らず」**と述べています。

思わずカチンとくるようなことを言ってくる相手には、もちろん、対抗措置を講じなければなりません。

この老子の言葉を借りれば、「戦う」ということも必要になってきます。

しかし、それは「怒って言い返す」ということではありません。

そこで、怒ってしまえば、相手の思うツボだからです。

大切なことは、**「怒ることなく、冷静に賢く戦う」**ということなのです。

そういう意味のことを、この老子の言葉は意味しています。

では、どのようにすれば、冷静に賢く対処できるかと言えば、その心構えとして、**「相手を未熟な子供だと見なす」**という方法があります。

人の悪口を平気で言う人は、精神的に未熟な人が多いのです。

実際年齢は立派な大人なのかもしれませんが、精神的には子供なのです。

ですから、相手を「この人は、まだまだ子供なんだな」と思うことで、少し距離を置いて相手の嫌味な言葉に冷静に対処できるようになります。

嫌味な言葉を「ああ、そうですか」と軽く受け流してしまう

◆嫌味な言葉に反発もせず、同調もしないのがよい

誰かから、「あなたって本当にダメな人なんですね」と嫌味ったらしく言われたとします。

そこで感情的になって、「何を根拠に、そんなことを言っているんですか」と声を荒らげてしまうのは得策ではありません。

それは、相手の挑発にまんまと乗ってしまうことになるからです。

しかし、だからといって、自分をダメ人間と認める必要はありません。

もしも相手の嫌味を真に受けてしまうと、自分自身の心が落ち込んでしまいます。

ここで大切なことは、心に防波堤を作って、相手の嫌味を受けつけない、ということなのです。

その方法の一つとして、**「相手の言葉を受け流す」**というものがあります。

相手の嫌味に激しく反発するのではなく、かといって自罰的になるのでもなく、軽く受け流してしまうのです。

「ああ、そうですか」

「だから、どうしたんですか」

「まあ、いいじゃないですか」

といった言葉で、軽く受け流してしまうのです。

そうすることによって、相手の嫌味な言葉は、自分の心の中には入り込んできません。

相手の言葉に動じてしまうことも避けられます。

嫌な思いにさせられることもなく、自分は自分のやるべきことにたんたんと専念していくことができるのです。

また、その時に、心の中で、**「悪口や嫌味を言われた分、私は心の強い人間になれる」**と、楽天的な発想をするのもいいと思います。

まじめで、やさしい人ほど、悪口を言う人の挑発に乗りやすい

◆相手によっては、いいかげんに対応してもいい

まじめで、人にやさしく、礼儀正しい人ほど、悪口を言ってくる人への対処法が下手である、という傾向があるように思います。

たとえば、誰かから、「あなたって、どうしようもない人ね」と、とても失礼な言い方で言われたとします。

そこで、まじめで人のやさしい性格の人は、「ごめんなさい。私って本当にダメなのよね」と考えてしまいやすいのです。

あるいは、「え、私のどこがダメなの？　教えて。ダメな点があるなら、謝りますから」と、問い返してしまいます。そんなことをすれば、相手の思うツボなのです。

相手は、一層ひどい言葉で嫌味を述べ立ててくるでしょう。

そういう意味では、問い直す必要もなければ、謝ることもないのです。

「あ、そう」と、楽天的に軽く受け流してしまうほうがいいのです。

それにもかかわらず、まじめで人にやさしい性格の人は、「軽く受け流す」ということに抵抗感をおぼえる人もいるようです。

そういう対処の仕方は、非常にいいかげんなものだと思えてきてしまうのです。

しかし、失礼なことを言って挑発してくる相手には、それほど礼儀正しい対応の仕方をしなくてもよいのです。**いいかげんに対応してもいい**と思います。それは悪い意味でのいいかげんさではなく、良い意味でのいいかげんさです。

それは、相手の挑発から自分自身の心の平安を守るということだからです。

まずは、自分の心の平安を大切にすることを優先するほうがいいと思います。

また、その時に、**「悪口を言われて傷ついた経験をすることで、私は人にやさしい人間になれる。人間的に成長できる」**と楽天的な発想をするのもいいでしょう。

楽天的な発想をすることも、「不動心」を養うコツです。

「別に、何も」で、嫌味な人と距離を置いてつき合っていく

◆防波堤になる言葉で、相手の嫌味を受けつけない

「嫌味な人」というのは、他人の不幸な出来事に敏感です。

たとえば、誰かが上司に呼び出されて叱られたとします。

そんな出来事に機敏に反応するのが「嫌味な人」です。

さっそくその人のところへ近寄ってきて、興味津々《きょうみしんしん》に、

「何かあったの？　上司から叱られたの？　いったい、どうしたの？」と、あれこれ根掘り葉掘り聞き出そうとしてきます。

しかし、このような質問に、まともに受け応えする必要はありません。

もし、その相手が信頼できる相手であれば、相談に乗ってもらい、慰めてもらったり、励ましてもらうこともできるでしょう。

しかし、「嫌味な人」を相手に、そのようなことは期待できません。

何があったかを正直に打ち明けたりしてしまったら、恐らくは、「だから、あなたはダメなんですよ。それは結局、あなたに能力がないからなんですよ」などと嫌味な言葉を散々投げつけられることになると思います。

その場合は、「何かあったの？」と問われてきても、まともに受け答えることはありません。

楽天的に受け流してもいいのです。

その時、有効に使える言葉としては、**「別に、何も」**というものがあります。

「別に、何も」という楽天的な言葉で心の防波堤を作り、その「嫌味な人」と距離を置くほうが賢明な対処策になると思います。

それが余計なことに心を惑わされないコツになります。

そして、何事もなかったように**自分の仕事にまい進する**のが賢い生き方になるでしょう。

悪口を言われても「受け取らない」のがいい

◆悪口を受け取らなければ、自分の人間性は害されない

仏教の創始者であるブッダに、次のようなエピソードがあります。

ある日、ブッダのもとに、ブッダとは考え方の違う宗派に属する男がやって来て、ブッダの悪口を述べ立てました。

しかし、ブッダは、どんなにひどい悪口を言われても、決して感情を荒立てることなく黙って聞いていました。

その男は、ブッダがまったく動じないので、とうとう悪口を言うのをあきらめてしまいました。その様子を見て、ブッダは次のように問いました。

「おまえが、お客に食べ物を出したとする。しかし、お客は、それを食べなかった。その時、食べ物はどうなるか？」

その男は、「残るだけだろう」と答えました。

するとブッダは、また問いました。「おまえは私に悪口を言った。しかし、**私がその悪口を受け取らなかったら、その悪口はどうなるか？**」

「その悪口は、おまえのものだ」と、その男は言い返しました。

それに対して、ブッダは、「それは違う。**私が悪口を受け取らない限り、その悪口はおまえのものだ**」と答えました。

この話は、悪口を言われた時の対処法の一つとして、「無視して受け流す」という方法があることを示しています。

このエピソードに即して言えば、「悪口を受け取らない」ということです。

そうすれば、その悪口によって自分の人間性が害されることはなく、人間性に傷がつくのは、むしろ、悪口を言った相手のほうなのです。

これは「不動心」を考える上で、参考になる話だと思います。

毅然《きぜん》とした態度を、不愉快な言葉の防波堤にする

◆しっかりした態度で、相手の言葉を受け流す

わざと不愉快なことを言ってくる相手への対処法として大切なことの一つに、「毅然《きぜん》としている」ということが挙げられます。

相手の不愉快な言葉に対して、「ああ、そうですか」と楽天的に受け流すにしても、「別に、何も」という楽天的な言葉で嫌味な相手と距離を置くにしても、毅然とした態度を取ることが大切です。

「毅然」とは、しっかりとした強い態度で、相手が発する不愉快な言葉に動じない姿を見せる、ということです。

そういう意味で言えば、相手の不愉快な言葉に、ドギマギした様子は見せないほうがいいでしょう。愛想笑いを見せるのもやめたほうがいいと思います。

相手の言葉に受け答える時の自分の口調にも、感情を交えないほうがいいでしょう。

いきなり誰かから不愉快な言葉を浴びせかけられると、たいていの人は戸惑いを見せてしまいがちです。

しかし、相手は、その戸惑った様子につけ込むようにして、一層嫌な言葉を投げかけてくるでしょう。

相手に隙《すき》を見せてはいけないのです。

したがって、**相手の挑発には断固として動じない姿を見せて**、その上で**表情を変えず、落ち着いた声で、**「**ああ、そうですか**」「**別に、何も**」と答えるのが良いのです。

そのような毅然とした態度が、「そんなどうでもいいような話をしないでください」という意志表示になります。

それが相手の不愉快な言葉から、自分の精神的な安定を守る防波堤になるのです。

その際に、そんな自分自身に、「**私は、悪口なんかに動じない強い人間なんだ**」と、楽天的に言い聞かせるのも良いでしょう。

自分を軽蔑することを言ってくる相手に好かれようと思わない

◆悪口を言ってくる相手に嫌われることを怖れない

カナダの詩人であるフィリックス・レクエア（20世紀）は、**「愚かな人に嫌われることを喜ぶのがいい。彼らに好かれることは考えないほうがいい**（意訳）**」**と述べました。

この言葉にある「愚かな人」とは、人の悪口を平気で言う人を意味します。他人を軽蔑するようなことを言い、その人に嫌な気持ちにさせてやろうと企《たくら》む人を指します。

このフィリックス・レクエアは、**「無知な人ほど、人を軽蔑するようなことを言う**（意訳）**」**とも述べています。この「無知な人」と、最初の言葉に出てくる「愚かな人」とはイコールだと考えてもいいでしょう。

そのような「愚かな人に嫌われることを喜ぶのがいい」とは、言い換えれば、そんな人が発してくる嫌味な言葉など受け流してもいい、ということだと思います。

この「嫌われることを喜ぶ」という言葉に、楽天的な発想が示されているのです。

一つには、そんな楽天的な思想を持つことで、悪口を言われてもあまり気にならなくなります。

そして、そんな「愚かな人に好かれることは考えないほうがいい」というのは、自分の悪口を言ってくるような相手に好かれようと思って、愛想笑いをしたりしないほうがいい、ということを意味していると思います。

そんなことをしても、相手はこちらを軽蔑するような悪口を言うのをやめることはないからです。

むしろ、一層ひどい言葉を言ってくる可能性が高いのです。

つまり、悪口を言ってくる相手に好かれようと思うのではなく、毅然とした態度で相手の言葉を受けつけないという姿勢を見せるほうがいいのです。

それが、悪口を言ってくる人への対処法のコツになるのです。

最後の手段として、相手の不愉快な言葉を無視する

◆自分がやるべきことに専念する

相手の嫌味を「ああ、そうですか」と受け流しても、「別に、何も」とあしらっても、しつこくからかうようなことを言ってくる人もいるでしょう。

そこで、言われた人は堪忍袋《かんにんぶくろ》の緒《お》が切れて、感情的になって「いいかげんにしてくれないか」と声を荒らげてしまうことになるかもしれません。

しかし、あくまでも、感情的になってしまうのは得策ではありません。

相手は一時的に静かになるかもしれませんが、そのうち、きっと、「あれ、怒ったの?」と、こちらをあざ笑うような顔を見せるのではないでしょうか。

こちらに嫌な思いをさせ、怒らせることが相手の目的なのです。

その挑発に乗ってしまったら、こちらの負けです。あくまでも動じない心で対処す

ることが大切です。

しつこく嫌味を言ってくる相手には、最後の手段として、**「無視する」**という方法もあります。**相手の言葉に耳を貸さずに、自分の仕事に集中する**のです。

なおも相手は嫌味なことを言ってくるかもしれません。

しかし、**相手の顔を見ずに、自分は自分のやるべきことに専念し続ける**のです。

そうすれば、相手もあきらめるのではないでしょうか。

最初に、**「今忙しいので、自分の仕事に集中させてもらえますか」と断った上で、それ以降は一切相手の言葉に反応しない**、という方法もあるでしょう。

心の中では腹立たしい気持ちもあるでしょうが、そういう気持ちを表には出さずに、自分の仕事に専念するのです。

心の中では、楽天的な気持ちで、**「この仕事を終えたら、楽しいことを何かしよう」**と考えてもいいでしょう。

そうやって相手が自分のもとから立ち去るのを待つのです。

下品な言葉は、聞こえなかったふりをして無視する

◆挑発してくる人とは話す機会を減らす

下品な言葉で、平気で人を侮辱する人がいます。

「バカ、マヌケ、ブス、デブ、ハゲ」といった類の下品な言葉です。

このような侮辱的な言葉に対しては、特に、**「無視する」「聞こえなかったふりをする」「その相手へ顔を向けない」**という対処策を取るのが賢明です。

下品な言葉を使う人は、恐らくは、人間的にも下品な人なのでしょう。

そんな人を相手に下手に言い返して口ゲンカにでもなれば、自分自身までその相手と同じように下品な言葉で応酬しなければならなくなります。

そうなれば自分の人間性まで下品になっていきます。

ですから、楽天的な気持ちで無視してしまうほうが良いのです。それが、下品な言

葉に対する、上品な対処の仕方になると思います。

下品な言葉で人の悪口を言ってくる人は、どうも、下品な言葉を使っているという自覚が薄いようです。むしろ、「自分は率直で、正直にものを言っている」と思っている人が多いように思います。

したがって、その相手に対して、「そんな下品な言い方はやめてほしい」と訴えてもあまり効果がないのです。いっそう下品な言葉でやり込められてしまのがオチではないでしょうか。

そういう意味でも、楽天的な気持ちで「無視する」というのが賢明だと思います。

とにかく、意識して楽天的な気持ちになることで、相手の言葉に感情をかき乱されるのを防ぐことができるのです。

それでも、相手が下品な言葉で挑発してくるのをやめようとしない時には、**「ちょっと用事があるので」といった口実を作って、その場から離れてしまってもいい**でしょう。

また、普段から、必要最低限のこと以外は、その相手と話をしないようにすることも、心を惑わされないための方法の一つになると思います。

心に余裕があってこそ、侮《ぶ》辱《じょく》をうまくかわせる

◆普段から心に余裕を持つよう心がける

中国の格言に、**「侮辱《ぶじょく》に仕返しをする者は、さらに大きな侮辱を招くことになる」**というものがあります。

他人から侮辱されるような言葉を投げかけられたとします。

もちろん、カチンときます。腹が立ちます。

しかし、そこで感情的になって言い返してしまったら、相手はいっそうこちらの人格を侮辱するような嫌な言葉で攻撃してきます。

こちらが感情的になって言い返したところで、相手はおとなしくはなりません。

「すみません」と、謝ってくることもないでしょう。

いっそう勢いづいて、激しくこちらを攻撃してくることになると思います。

したがって、たとえ他人からひどいことを言われたとしても、初めから楽天的な気持ちを持って「仕返しはしない」と決めておくほうがいいのです。

そういう意味のことを、この中国のことわざは示しています。

「仕返し」をするよりも、むしろ、**「相手にしない」**という対処の仕方をとったほうが、ずっと賢明なのです。

そのためには、いつも**心に余裕を持っておく**ことが大切です。

心に余裕があるからこそ楽天的な気持ちになれ、いきなり相手から侮辱されるようなことを言われる時があっても、ひらりと上手にかわすことができるのです。

逆の言い方をすれば、相手の侮辱に対して感情的になって言い返してしまうのは、心に余裕がなくなっている証しだとも言えます。

その意味では、普段から、**自分なりに気分転換の方法を見つける**などして、心に余裕を持っておくことが大切です。

第2章
「堂々とした態度」で動じない

SNSに悪口を書かれた時は、本当に信頼できる人から慰めてもらう

◆できるだけ早く穏やかな気持ちを取り戻す

インターネット上で、誰かからまったく根拠のない悪口を言われて悩んでいる人が増えているといいます。

それまで親しくつき合っていた人から、ある日突然、悪口を言われ始めるのです。

しかも、自分について書かれた悪口をインターネット上で見ているのは、自分自身だけではないケースも多いのです。

自分についての悪口を、他の大勢の知り合いが見ている場合もあります。

ですからいっそう自分自身とすれば、激しく心が動揺してしまいます。

つらい気持ちにもなります。

腹立たしい気持ちにもなります。

そして、暗い気持ちで毎日暮らしていかなければならなくなりかねないのです。

他人に振り回されて、そのように自分の幸せな生活を見失っていくことは、その本人にとってはもちろん良いことではないと思います。

できるだけ早く、気持ちを立て直して、以前のような充実した幸福な生活を取り戻すことが大切です。

そのために大切なものは、**「本当の意味で信頼できる人の支え」**です。

家族や、心から信頼できる友人、あるいは恋人などの存在です。

そのような信頼できる人から、**「気にすることないよ。あなたがすばらしい人であることは、私は一番よく知っているんだから」**と慰《なぐさ》めの言葉をかけてもらうだけでずいぶん気持ちが穏やかになります。

また、慰めの言葉をかけてもらえなくても、話をするだけでも心が楽になります。

すると、**「こんなことに負けずに、がんばっていこう」**という勇気も生まれてくるのです。

「基本的信頼」で結ばれた人が、自分を救ってくれる

◆普段から身近な人との信頼関係を大切にする

心理学に**「基本的信頼」**という言葉があります。

本来的には、母親と子供の関係を言い表す言葉です。

母親は、その子供がどういう状況であれ、無条件でその子供を温かい包容力で受け入れます。

一方で、子供も、無条件でその母親を信頼します。

そのように深い愛情と信頼で結ばれた関係を、「基本的信頼」と言います。

もちろん、このような基本的信頼で結ばれるのは、母親と子供ばかりではありません。

仲のいい夫婦も、やはり基本的信頼で結ばれています。

仲のいい兄弟姉妹も基本的信頼で結ばれていることでしょう。

うまくいっている恋人同士も基本的信頼で結ばれています。

また、基本的信頼で結ばれている友人がいる、という人もいると思います。

そして、人間が幸せに生きていくためには、身近にこのような基本的信頼で結ばれている人がいることが非常に大切な要素です。

生きていく上で、意地悪な人から、心を傷つけられるような悪口を言われることがあるでしょう。

場合によってはイジメを受けることもあるかもしれません。

もちろん、そういう体験をすれば、精神的に動揺します。

落ち込んだり、悩んだりもします。

しかし、そのような時に、このような**基本的信頼で結ばれている人が身近にいれば、落ち着いた気持ちでいられる**のです。

そういう意味では、普段から、**家族や信頼できる友人との関係を大切にしていく**ことが肝心だとも言えます。

それが自分の「動じない心」を養うのです。

周りに味方が多い人は、ハラスメントを受けることがない

◆味方になってくれる人をたくさん作る

「ハラスメント」という言葉があります。

これには、「嫌がらせ」「イジメ」といった意味があります。

立場が高い人が、立場の低い人に対して嫌がらせをする「パワー・ハラスメント」というものがあります。

また、性的な嫌がらせをする「セクシャル・ハラスメント」というものもあります。

その他、ハラスメントには様々なものがありますが、職場などでそのような嫌がらせやイジメを受けて悩んでいる人も多いようです。

このハラスメントを受けやすい人には、いくつかの共通点があることが知られています。

その一つに、「身近に仲のいい人がいない。味方になってくれる人がいない。イザという時に助けになってくれる人がいない」ということが挙げられます。

つまり、職場などで孤立して、独りぼっちでいる状態です。

このようなタイプの人は、ハラスメント、つまり嫌がらせやイジメを受けやすいようです。

そういう意味では、**普段から、身近な人と信頼感のある良き関係を築いておく**ことが大切です。

身近に信頼できる仲のいい人がたくさんいれば、もし誰かから嫌がらせを受けることがあったとしても、仲のいい人たちを自分の味方にして、嫌がらせをしてくる人に対して対抗することができます。

相手としても、そのように多数の人から対抗されることを怖れて、味方になる人が大勢いる人に対しては嫌がらせをしようとはしないものです。

堂々とした話し方と態度で、相手の嫌がらせを封じる

◆自分の気持ちをはっきり伝える

「おとなしい」というのが、嫌がらせやイジメを受けやすい人に共通する性格の一つだと言われています。

意地悪なことを言っても、おとなしくしているので、相手とすればますます調子に乗ってひどいことを言ったり、したりするのです。

そういう意味では、最初は「相手にしない」「無視する」という方策を取っていても、その相手がなおもしつこく嫌がらせをしてくる場合、「そういう言い方は不愉快です。そのようなことはしないでください」と、はっきりと相手に伝えるほうがいい、というケースも出てきます。

そうしないと、相手は嫌がらせをエスカレートさせかねないからです。

ただし、感情的になって相手に訴えることはありません。自分が感情的になると、相手も感情的になっていっそうひどいことを言ってくる可能性もあるからです。

したがって、冷静に、落ち着いた態度で、**「そのようなことは言わないでください。そんなことをしないでください」**と相手に伝えるのがいいでしょう。

その際のポイントをまとめておきます。

- **はっきりとした口調で、ゆっくりと話す。**
- **良い姿勢で、真正面から相手と向かい合う。**
- **相手の目をしっかり見て、自分の気持ちを伝える。**
- **オドオドした態度をしない。堂々としている。**

このような話し方や態度は、いかにも自信がありそうなイメージを相手に与えます。

それは、言い換えれば、「私は、あなたの嫌がらせに動じるような弱い人間ではないのです」というメッセージなのです。

そのメッセージが伝わることで、相手の嫌がらせを封じることができます。

普段から堂々とした態度で振る舞うトレーニングをしておく

◆肩ひじ張らずに、自然に堂々とする

ノルウェーの劇作家であるヘンリック・イプセン（19～20世紀）は、「**あなたに対する嫌がらせや悪口に対しては、堂々としていることです。堂々たる落ち着きが唯一の武器になるのです**（意訳）」と述べました。

この言葉にある「唯一の武器になる」とは、言い換えれば、「相手の嫌がらせや悪口をやめさせるためのただ一つの方法だ」ということです。

逆の言い方をすれば、オドオドした態度を見せれば、それは相手に付け入る隙《すき》を与えることになります。

ですから、堂々としていることが大切なのです。

堂々とした態度で、暗に「私は、あなたの嫌がらせで簡単に心が動じてしまうよう

な弱い人間ではない」というところを見せつけるのです。

そうすれば、相手は嫌がらせをするのをやめて、自然に引いていくでしょう。

ただし、あまり力むことはありません。

必要以上に、空威張《からいば》りをするような態度をとることはありません。

そんなことをすれば、相手から、「この人は、内心では、ビクビクしているんだな」と見抜かれてしまうことになります。

ですから、あまり**肩ひじ張らずに、自然な態度で「堂々としている」のが良い**のです。

そのためには、**普段から、堂々としたしゃべり方をしたり、堂々とした態度で振舞うトレーニングをしておく**ほうがいいでしょう。

普段から、自分自身で意識して、堂々と人と接するように心がけておくのです。

そうすることで、自然な形で、堂々とした態度が身に着いてきます。

「ボディ・ランゲージ」プラス「言葉」で、相手に訴えかける

◆堂々とした態度で、毅然とものを言う

「ボディ・ランゲージ」という言葉があります。

「声に出して言うのではなく、態度や表情で、相手に自分の意思を伝えていく」ということを意味します。

心理学では、「非言語コミュニケーション」という言い方をします。

このボディ・ランゲージは、自分に嫌がらせをしてくる相手に対抗するために、とても重要な武器になります。

そして、そのもっとも有効なボディ・ランゲージの方法が、**「堂々としている」「毅《き》然《ぜん》としている」**ということなのです。

誰かが、自分の胸にグサリと突き刺さるようなひどいことを言ってくる時もあるか

もしれません。

しかし、そこで取り乱したり、感情的になってしまうことは得策ではありません。

相手は、自分が動揺しているのを見て、ますます面白がってひどいことを言ってくるかもしれないからです。

ですから、何を言われても動じることなく、堂々としているのが良いのです。

そして、毅然とした態度で、

「あなたは、私を誤解しています」

「その言い方は、失礼ではないでしょうか」

「嫌がらせをしないでください」


と相手に伝えるのです。

堂々とした態度で、そのように言うことで、言葉の重みが増します。

ボディ・ランゲージによって、相手に訴えかける言葉の重みが増すのです。

「堂々と沈黙する」ことによって、相手の悪口を撃退する

◆悪口を言われても、あえて無視する

嫌がらせや悪口を撃退するための方法の一つに、**「沈黙」**というものがあります。

「沈黙」とは、言い換えれば、**「相手にしない」「無視する」**ということです。

中には、「私は気が弱いので、ひどいことを言われても、はっきり言葉にして『そんなことを言わないでください』と言い返すことができない」という人もいます。

そんな人には、この「沈黙」という方法が有効かもしれません。

たとえば、職場の同僚や友人から、何か嫌なことを言われたとします。

そこで、動揺した様子を見せるのではなく、聞こえなかったふりをして無視してしまうのです。

それでも相手は、しつこく悪口を言ってくるかもしれません。

しかし、あくまでも相手にしないのです。

そうすれば、相手もあきらめて悪口を言うのをやめるでしょう。

ただし、ここでも「堂々としている」ということが大切です。

オドオドした態度や、イライラしている態度を見せながら、沈黙を保っている、というのでは良くありません。

これでは、かえって、相手に「この人は、気が弱いから言い返せない人だな」と見抜かれてしまう結果になります。

そのために、相手の悪口はエスカレートしていってしまう危険もあります。

ですから、**堂々とした態度で、平然と、相手の悪口を無視する**、というのがいいのです。

その堂々とした態度が、「私には、あなたの悪口などにつき合っている暇《ひま》はないのです」という、暗黙のメッセージになります。

悪口を気にせず、自分がやるべきことに没頭する

◆仕事に没頭して成果を出せば、味方が増える

アメリカの初代大統領であるジョージ・ワシントン（18世紀）は、**「自分のやるべき仕事に黙々として努力することは、悪口に対する最上の答えである（意訳）」**と述べました。

ワシントンは政治家でしたから、政治的な敵対者や、あるいはマスコミなどから、根拠のない悪口を言われることも多かったのです。

もちろんワシントンも人間でしたから、嫌がらせとしか思えないような悪口を言われれば、腹も立ち、心も動揺したでしょう。

しかし、ワシントンは、感情的になって言い返すことはしませんでした。

むしろ、沈黙していました。

根拠のない悪口を言ってくるような人間を相手にはせず、無視していたのです。

そして、自分がやるべき仕事に没頭していました。

他人の悪口に惑わされずに仕事に没頭し、そして仕事の成果を出すことだけに集中していたのです。

仕事で成果を出せば、多くの人たちが自分を称賛し、また自分の味方になってくれます。

そうすれば、それまでワシントンの悪口を言っていた人も、もう彼の悪口を言えなくなってしまうのです。

もし下手にワシントンの悪口など言ってしまったら、彼に味方する多くの人たちから、その人自身が非難されることになりかねないからです。

このワシントンのように、**「悪口を言ってくる人間を相手にせず、自分のやるべきことに没頭し成果を出す」**ということも、悪口を言ってくる人間を撃退するための一つの方法になります。

「その場を離れる」「近づかない」という方法を取ってみる

◆悪口を言う相手と、物理的に距離をとる

自分に対して悪口を言ってくる相手に動じないための方法の一つに、「距離を置く」というものがあります。

人間関係で「距離を置く」という場合、精神的な意味で距離を置くということと、物理的な意味で距離を置くという二つの方法があります。

ここでは、後者の「物理的な意味で距離を置く」ということについて説明します。

たとえば、友人が、自分に対して嫌味なことを言い始めたとします。

自分の胸にグサリと突き刺さってくるような悪口です。

そのような時には、友人の話をずっと聞いている必要はありません。

その場から立ち去ってしまうのです。

その友人が、自分に話をすることができない距離にまで遠ざかるのです。

もしも、その友人が、その後もしつこく自分の悪口を言ってくるようだったら、日常的になるべくその相手に近づかないようにします。

そして、その友人とのつき合いを避けるようにするのです。

実は、これも「ボディ・ランゲージ」の方法の一つなのです。

「その場から立ち去る」「相手に近づかない」ということ自体が、相手への、

「あなたの言葉は不愉快だ。それ以上、言わないでほしい」

「あなたの言うことは悪意に満ちている。もうやめてほしい」

という強いメッセージになるのです。

特に、相手の言葉に強い怒りを感じて、自分自身が爆発しそうになった時には、この「その場から立ち去る」「相手に近づかない」という方法が有効だと思います。

そうすることによって、自分自身が平常心を保てます。

悪口を言われた時には「泰然自若《たいぜんじじゃく》」としているのがいい

◆動じることなく、自分らしくいる

「泰然自若《たいぜんじじゃく》」という言葉があります。

他人から嫌がらせを受けたり、悪口を言われた時には、この「泰然自若」という言葉を思い出してみるのが良いと思います。

「泰然《たいぜん》」には、「ゆったりとしていて、動じない姿」「落ち着いて、堂々としている様子」といった意味があります。

また、「自若《じじゃく》」には、「自分らしくいる」という意味があります。

「自若」の「自《じ》」は「自分」です。

「若《じゃく》」は「若《ごと》く」とも読みますが、「~のように」「~らしく」という意味があります。

したがって、「自若」の意味は、「自分らしくいる」ということになるのです。

この場合、「自分らしくいる」ということは、「自分がやるべきことをたんたんとしていく」ということを示しています。

つまり、「泰然自若」で、他人から嫌がらせをされたり悪口を言われたりしても、**「動じることなく、堂々とした態度を取って、自分がやるべきことをたんたんと進めていく」**ということになるのです。

それが、嫌がらせや悪口に対する、もっとも賢明な対処策になるのです。

他人の嫌がらせや悪口に惑わされて、自分がやるべきことに集中できなくなってしまうことこそ、愚かなことなのです。

そうなってしまったら、実績や成果を出せなくなって、かえって自分自身の悪い評判がいっそう広まっていくばかりなのです。

そんな愚かなまねをするよりも、「泰然自若」という賢明な判断をするほうが、自分のためになります。

第3章
あくまでも自分自身を信じていく

他人から批判されても、自分で自分を責めない

◆「私はすばらしい人間だ」と信じる

現実社会では、批判されたりすることがよくあると思います。

特に、社会人になってからは、出世すればするほど、しょっちゅうそのようなことがあると言っていいでしょう。

その際に激しく動揺したり、また落ち込んでしまう人がいます。

そのような人は、基本的に、心が繊細《せんさい》で、やさしい性格の人だと思います。

しかし、批判を言われるたびに精神的に動揺しているようでは、世の中を逞《たくま》しく生き抜いていくことはできません。

そこで大切になってくるのが、「**不動心**」です。

つまり、ささいなことで動揺したり落ち込んでしまうことなく、しっかりと自分自身の心を保っていく、ということです。

そのような不動の心があってこそ、逞《たくま》しく、力強く生きていけるのです。

では、どのようにしてこの不動心を身につけるのかと言えば、まず第一に大切なことは**「自分で自分を責めない」**ということです。

繊細でやさしい人ほど、他人から批判された時、「やっぱり私は失敗ばかりしているダメな人間なんだ」と、自分を責めてしまいがちです。

しかし、そのように自分を責めれば責めるほど、いっそう心が動揺し、落ち込んでしまうことになるのです。

したがって、批判を受けることがあっても、心の中では**「私は、あの人が言うようなダメな人間ではない。私はすばらしい能力をたくさん持っている」**と信じることが重要です。

そのように自分を信じることができる人は、ささいなことで動揺しません。

自分自身が「自分への援助者」になる

◆自分を励ます言葉を書き出してみる

イギリスの作家であり、また医者でもあったサミュエル・スマイルズ（19～20世紀）は、著書である『セルフ・ヘルプ』の中で、**「自分に対して『最良の援助者』であることが大切だ**（意訳）**」**と述べました。

この言葉にある「最良の援助者である」とは、言い換えれば「どのようなことがあっても自分を責めない」ということだと思います。

誰かに非難されることがあったとしても、そこで「あの人の言う通りだ。私は何をやってもダメな人間だ」などと、自分で自分を責めない、ということです。

むしろ、**「私はダメではない。私には能力があるし、すばらしい可能性も秘めている」**と、自分を励ますことが大切です。

つまり、「最良の援助者である」とは、わかりやすく言えば、そのようにして**「自分だけは最後まで、自分の味方になってあげる」**ということなのです。

そうすることによって、どんなひどい言葉で他人から非難されたとしても、そこで自分を見失うことがありません。しっかりと自分自身を保っていけるのです。

そういう意味で、もしも誰かに非難されて落ち込んでしまったという時には、家に帰ってからノートなどに、**「自分を援助する言葉」を書き込む**のが良いと思います。

「私は、すばらしい人間だ」

「私は、こんなことで負けない」

「私は、強い人間なんだ」

と、書き出してみるのです。

「書く」という行為は、より強い自分への援助になります。

そして、より早く自分への自信を取り戻すことができるのです。

「内なる批判者」に負けずに、自分をほめる

◆自分をほめて、立ち直りのきっかけを得る

心理学に**「内なる批判者」**という言葉があります。

自分の中に、いつも自分を批判してばかりいる、もう一人の人間がいるのです。

そのもう一人は、自分自身に向かって、

「私ほど、つまらない人間はいない」

「周りの人と比べて、私は劣っている」

などと、いつも自分を批判ばかりしています。

それを「内なる批判者」と言います。

これは、何も特別なことではありません。

誰の心にも、このような「内なる批判者」が存在して、失敗をした時などには、こ

の「内なる批判者」が登場してきて自分を責めるということがよくあるのです。

ただ、この「内なる批判者」が強くなりすぎてしまうことには問題があります。

自分の中で「内なる批判者」が強くなりすぎると、自分に自信を失い、落ち込んだまま立ち直れない、ということになってしまうからです。

それでは、この「内なる批判者」の力を弱めるためにはどうすればいいかというと、そのもっとも良い方法は**「自分をほめる」**という習慣を持つことなのです。

時に、失敗をして、誰かに非難されたり文句を言われることがあるかもしれません。

そして、失敗した自分を、自分自身で責めてしまうこともあるかもしれません。

そのような時に忘れてはならないのは、

「失敗から多くを学んだ。失敗から学ぶことができる私は、すごい人間だ」

と、自分をほめることなのです。

ほめることで、立ち直りのきっかけが生まれます。

自分をほめることで、その人は強くなっていく

◆少なくとも、一日一回は自分をほめる

「自信を持って、何事にも動じることなく、堂々と生きていく」

多くの人が、そのような生き方をしたいと思っているのではないでしょうか。

では、どのようにすればそのような生き方ができるのかと言えば、その方法の一つに「自分をほめる」ということがあります。

自分をほめるということには、精神的に様々な良い効果があります。

・自己嫌悪の感情から抜け出せる。
・自分に自信がついてくる。
・気持ちが明るくなる。前向きになる。
・自分を大切に思うようになる。

・プレッシャーを感じなくなる。
・物事を楽天的に考えられるようになる。
これらの効果に、さらにもう一つの効果を加えるとすれば、それは「**人間的に強くなる**」ということだと思います。

周りの人たちから悪口を言われたり、嫌味を言われたり、ひどい言葉で批判されるようなことがあっても、そこで必要以上に動揺してしまうことがなくなります。

しっかりと自分を保って生きていくことができるのです。

そういう意味で、自分をほめる習慣を持つことがとても大切になってくるのです。

少なくとも、**毎日眠りにつく前に一回は自分をほめるようにする**のがいいと思います。

できれば、**一日に何度も自分をほめることができれば、それに越したことはない**でしょう。

自分をほめればほめるほど、自分という人間が成長していきます。

そして、人生が良い方向へと向かっていくのです。

スランプの時こそ、自分で自分をほめてみる

◆スランプの時に、自分を責めるようなことは考えない

マンガ家だった加藤芳郎《かとうよしろう》（20～21世紀）は、「**スランプの時は、自分をほめる**」と述べました。

誰にでも、スランプがあります。

何をやってもうまくいかない、という時です。

そのようなスランプに陥ると精神的に落ち込みますし、また不安になったり、心が動揺したりします。

しかし、そのような時こそ大切なのは「自分をほめる」ということなのです。

自分をほめることで、自分への自信がよみがえってきます。

それに伴って気持ちが落ち着き、不動心で物事に対処できるようになるのです。

そして、それがスランプから抜け出すきっかけになるのです。

しかし、実際には、スランプの時に「自分をほめる」ということができない人が多いようです。

それどころか、スランプの時にむしろ「自分を責める」という人もいるのです。

「こんなところでスランプになるなんて、やっぱり私はダメなんだ」

「スランプから抜け出せずにグズグズしている私は、どうしようもない人間だ」

といったように、自分を責めてしまうのです。

しかし、そのようにして自分を責めてしまえば、いっそう自信を失っていくだけです。

不動心を失って、気持ちが動揺していくばかりなのです。

そうなれば、いつまでもスランプから抜け出せなくなります。

したがって、**スランプになった時には、自分で意識して自分をほめるようにすること**が賢明です。

少し大げさなくらい、自分で自分をほめるほうがいいのです。

周りの人の嫌味な言葉は、軽く受け流してしまう

◆ひどい言葉をまともに受け取らない

スランプに陥ると、周りの人たちから、とやかく言われるものです。

「だから、君はダメなんだ。君はもうこれで終わりだな」

「あなたの実力は、しょせんこの程度のものだ」

そんな嫌味を言われるようになるのです。

すると、自分でもつい、

「私は、ここで終わるのか。私には本当の実力などなかったのかもしれない」と弱気なことを考えてしまいがちです。

しかし、そこで周りの人たちのマイナスの言葉に動揺してしまったら、それこそ本当にそのスランプから抜け出せなくなります。

そういう時こそ必要になるのが、不動心です。

周りの人から何と言われようが、動揺することなく、しっかりと自分自身を保って、やるべきことをやっていく精神力が必要になってくるのです。

そして、そのような精神力を養っていくために大切になるのが、「自分をほめる」ということなのです。

周りの人たちから、何を言われようが、その言葉をまともに受け取ることはありません。

自分は、周りの人が言うように「終わり」でもなければ、「実力がない」というわけでもないのです。

たまたま今、スランプに陥っているだけなのです。

したがって、周りの人たちのひどい言葉は軽く受け流し、自分自身としては**「私はスランプの時こそ、実力を発揮できる人間なんだ。私の人生は、これからなんだ」**と、自分をほめて、また自分を励ますように心がけていくのが賢明です。

そうすれば、周りの人の言葉に動揺することもなくなると思います。

プラスの言葉が、自分の心の状態を良い方向へ改善してくれる

◆自分自身にプラスの言葉をかける

「言葉」というものには、強い影響力があります。

それは、人の精神面に与える影響力です。

たとえば、マイナスの言葉は、人の精神面に悪い影響を与えてしまいます。

悪口や批判には、強いマイナスの影響力があります。

したがって、他人から悪口や批判を言われると、その悪い影響が自分の心にもたらされてしまうのです。

ですから、嫌な気持ちになったり、落ち込んだりすることになります。

その悪い影響のために、人によっては、自分をダメ人間だと思い込んだり、自分を責めたりしてしまいます。

このような状態を放置しておくことは、良いことではありません。自分の意志で、自分の心の状態を改善する必要があります。

そうしないと、落ち込んだまま立ち直れないことになるからです。

言葉には、マイナスの言葉があれば、プラスの言葉もあります。

つまり、他人から言われた悪口や批判によって落ち込んだ心理状態になっている心に、**自分自身でプラスの言葉を言い聞かせる**ことによって、そのような心理状態を良い方向へと改善していくことができるのです。

それが「自分をほめる。自分を励ます」ということなのです。

「私は、すごい」「私は、すばらしい」「私は、もっとがんばれる」「私はやれば、何でもできる」といった、自分をほめる言葉や自分を励ます言葉には、プラスの影響力があります。

ですから、誰かに悪口や批判を言われた時には、そのような**プラスの影響力を持つ言葉を自分自身で自分にかける**ことによって、心の状態を改善することが必要です。

言葉は、人の精神面に対して強い影響力を持っている

◆他人に対しても、自分に対しても影響する

夏のオリンピックになると、毎回のように、日本の競泳チームが大活躍します。

日本では、柔道や体操、レスリングなどと並んで、競泳はもっともメダルが期待できる競技の一つになっています。

このオリンピックの日本競泳チームの選手たちが集まって合同で練習をする際には、二つの約束事があるといいます。

・チームメイトに対して悪口を言わない。

・自分に対してプラスの言葉を使う。

他の選手に対して悪口を言えば、悪口を言われた選手は精神的にマイナスの状態になってしまいます。

落ち込んだり、悩んだりして、練習に身が入らなくなります。

したがって、他の選手に言葉をかける時には、ほめたり、励ましたりするようにしなければならないのです。

また、自分自身に対しても、自分を責めるようなマイナスの言葉をかけてはいけないのです。

そんなことをすれば、自分自身が練習に集中できなくなります。

したがって、自分自身に対しても、もちろん、ほめたり、励ましたりするようなプラスの言葉を使うことが大切です。

それでこそ、練習に力が入るのです。

そして、このような工夫は、日本の競泳選手がオリンピックで大活躍する一つの要因だと考えられています。

この話は、言葉というものが、人の心に対して強い影響力を持っている一つの証しだと思います。

この**言葉の力を利用して、「不動心」を養う**こともできるのです。

悪口を言われるのは、「私が偉大だから」と考える

◆悪口を言いたい人には、言わせておけばいい

ドイツの詩人であるハインリッヒ・ハイネは、**「人間が偉大になればなるほど、悪口の矢に当たりやすくなる。小人には罵倒の矢さえなかなか当たらない**（意訳）」と述べました。

この言葉にある「悪口の矢に当たりやすくなる」とは、「悪口を言われやすくなる」ということです。

大きなことを成し遂げた人には注目が集まります。

多くの人たちから称賛され、特別な存在になります。

そうなると、中には、そのような「偉大な人」に対して嫉妬《しっと》やヒガミを感じる人も出てくるのです。

そして、そのようなネガティブ思考の人たちが「偉大な人」に対して様々な批判や悪口を言い出すのです。

大きなことを成し遂げることのない人には、世間の注目が集まりませんので、批判や悪口を言われることもありません。

ハインリッヒ・ハイネは、そういう意味のことを、この言葉で述べているのです。

言い換えれば、周りの人たちから心ない悪口を言われたとしても、**「悪口を言われるのは、私が大きなことを成し遂げた証**《あか》**しだ。私が偉大な人間である証しなのだ」**と開き直っていればいいのです。

そこで自分を見失ってしまうことはないのです。

そうすることで、周りの人たちの悪口に心を惑《まど》わされることなく、自分がやるべきことに集中できます。

大切なことは、**自分への自信を失わない**ということです。

自分への自信を失ってしまうと、せっかく成功者になれたとしても、そこから人生が悪い方向へと傾いていってしまう場合があるのです。

「悪口を言われない」よりも、「悪口を言われても動じない」を目指す

◆悪口を言われることに慣れておく

古代ローマの哲学者であるセネカ（紀元前1～紀元1世紀）は、「**悪口を言われない賢人よりも、悪口を言われても動じない賢人のほうが格が上だ**（意訳）」と述べました。

世の中には、「悪口を言われない賢人」がいるかもしれません。

「私は、誰からも悪口を言われたことがない」という賢人です。

そういう生き方ができれば、確かに理想だと思います。

しかし、実際には、誰からも全く悪口を言われないような生き方など不可能ではないでしょうか。

「誰からも悪口を言われたことがない」という人であっても、人生のどこかで悪口を言われる時がやって来ると思います。

その時、悪口を言われたことのない人は、これまで経験がなかっただけに、激しく動揺してしまうかもしれません。

感情的になって、理性を失うような行動に出てしまうかもしれません。

そういう意味では、「悪口を言われても動じない賢人」のほうが得策です。

そういう意味のことを、セネカは言っているのです。

言い換えれば、人は、ある程度**「悪口を言われることに慣れておく」**ほうがいいのかもしれません。

慣れておけば、ひどいことを言われるようなことがあっても、そこで上手に開き直って**「私には私の生き方がある。私は、自分の生き方を貫くだけだ」**と、動じることなくいられるのです。

そのようにして、自分の生き方を貫き、そして自分の願望を実現して大きな事を成し遂げていける人は、本当の意味での「賢人」と言えると思います。

「悪口を言われない生き方」が難しい人は、「悪口を言われても動じない生き方」を目指すとよいと思います。

少しぐらい「高慢」であるほうが、不動心が身につく

◆自分の能力にうぬぼれる気持ちがあってもいい

江戸時代前期から中期にかけての、佐賀藩（現在の佐賀県）の藩士だった武士に、山本常朝《やまもとじょうちょう》（17〜18世紀）がいます。

この人は、『葉隠《はがくれ》』という書物の中で、**「何事も修業というものは高慢《こうまん》でなければ成功しない**（意訳）**」**と述べました。

この言葉にある「高慢」には、「思い上がり」「うぬぼれ」といった意味があります。決して良い意味の言葉ではありませんが、山本常朝は、修業を進めるにはあえて「高慢であること」が大切だと言っているのです。

それには次のような意味があると思います。

山本常朝は武士ですから、修業とは、この場合、剣《けん》の修業を指しています。

この剣の修業を進めていく上で、常朝は、周りの人たちから、

「あの人には才能がない。いくら努力しても無駄だ」

「あんな方法では、上達するはずがない」

といった悪口や批判を受けることがあったかもしれません。

しかし、そのような悪口や非難にいちいち心を乱されていたのでは、剣の修業に集中することができなくなります。

したがって、周りからどう言われようとも、**「剣で一番強いのは私だ」「最後にもっとも上達するのは私だ」と多少自分にうぬぼれた気持ちをもっていた**と考えられます。

そのため、周りの人たちに何を言われようが、あまり気にせずに修業に集中できたのではないでしょうか。

一般の人たちにとっては、この「修業」を「仕事」という言葉に置き換えて参考にするのも良いと思います。

仕事をしていく上でも、自信をつけるという意味で、このような良い「高慢」の精神を持っていてもよいと思います。

第4章 感情的になるのを防ぐ

そこで怒ってしまったら、結局は自分が損をする

◆根拠のない悪口を言う相手にも、怒らない

欧米のことわざに、**「投げた石は、自分の頭上に落ちる」**というものがあります。

怒りにかられて、石を投げたとします。

ただし、この場合、本当に石を投げるわけではありません。

カッとなって、ひどい言葉を口にしたり、声を荒らげて怒鳴る、ということを意味しています。

その怒りの感情から出た言葉が、「自分の頭上に落ちる」というのは、「結局は自分自身が痛い思いをする」ということです。

怒りという感情は、自分自身の心をかき乱します。

心の安らぎを奪います。

そのために、仕事や生活に集中できなくなって、しなくてもいいような失敗をしてしまうかもしれません。

したがって、「怒ってはいけない。感情的になってはいけない」ということを、このことわざは指摘しているのです。

もちろん、他人から根拠のない悪口を言われたり、嫌がらせを受けたりすれば、腹立たしい気持ちになると思います。

しかし、**たとえ悪いのは相手であっても、そこで自分自身が感情的になるのはやめておく**ほうが得策です。

なぜなら、そういう場合であっても、「投げた石は、自分の頭上に落ちる」ということになりかねないからです。

あくまでも冷静に、動じない心で対処するほうが賢明です。

また、それが「自分自身のため」にもなるのです。

そう考えれば、感情的になることを多少は抑えることができるでしょう。

頭にくる相手に「戦わずして勝つ」のが最善の作戦になる

◆相手にしないことで、勝ちをおさめる

頭にくるようなひどい言葉を投げかけてくる人がいます。

そのような人は、こちらを挑発している可能性も考えられます。

人の心をかき乱し、怒らせようとしているわけです。

そうやって、その人は、他人が仕事に集中できないようにしてやろうと企《たくら》んでいるのです。

嫌な思いをずっと引きずらせて、人生を楽しめないようにしてやろうと狙《ねら》っているのです。

そんな人の挑発に乗ることはありません。

挑発に乗って、こちらが感情的になってしまったら、それこそ相手の思うツボにな

るだけなのです。

こういう時の、もっとも良い対処法の一つは、**「相手にしない」**ということです。

相手にしないことによって、自分の心の平静を保っていけます。

そして、相手は、きっと、気持ちが空回りして悔しい思いをすることになるでしょう。

『孫子《そんし》の兵法』（古代中国の兵法書・紀元前５～４世紀頃成立）に、**「戦わずして、相手を負かすことこそ、最善の兵法である**（意訳）**」**という言葉があります。

思わず頭にくるような嫌なことを言ってくる相手にも、この「戦わずして勝つ」という兵法を取るのが賢明だと思います。

つまり、相手の挑発に乗らないで、相手にしない、ということです。

戦わない、相手にしない、ということが、最終的には、自分自身の「勝ち」につながるのです。

また、**「勝ち」とは、自分の心の安らぎを乱されないということでもある**のです。

怒りの感情は、自分自身の身をほろぼしてしまう

◆自分自身のために、怒らない

仏教に「遺教経《ゆいきょうぎょう》」というお経があります。

これは、仏教の創始者であるブッダがこの世を去る際に、遺言として弟子たちに説いた言葉をまとめたお経だと言われています。

この「遺教経」の中に**「瞋恚《しんい》の戒《いまし》め」**というものがあります。

「瞋恚」とは、「激しい怒り」のことです。

「戒め」は、「してはいけない」ということを意味します。

つまり、「怒ってはいけない」ということになります。

そして、その「戒め」の中には、

「他人から、どんなにひどいことを言われたとしても、怒ってはいけない。なぜなら、

怒りは、火よりも激しく自分自身の身を焼き尽《つ》くしてしまうからである（意訳）」

と書かれています。

この言葉を遺《のこ》したブッダ自身、他人からひどい悪口を言われても、怒りにかられて言い返すことは決してしなかったと言われています。

実は、ブッダが生きていた当時、ブッダのことを誤解して、ブッタの悪口を言う人がたくさんいました。

中には、弟子たちをどんどん増やしていくブッダに嫉妬《しっと》して、ブッダのことを悪く言う他の宗教指導者もいました。

そのような人たちは、まったく根拠のない悪口をブッダに浴びせかけました。

悪口を言って、ブッダの評判を悪くしようとしたのです。

しかし、ブッダは、どんな悪口を言われても、決して怒りませんでした。

怒りという感情は、結局は、自分自身の身を滅ぼしてしまうと知っていたからです。

腹が立っても動じないでいられる人は、最上の人である

◆悪口を言われても怒らない人になる

「根も葉もないことで非難された」

「私は悪くないのに、人からさんざん文句を言われた」

「嫌がらせとしか思えないことを言われた」

と、腹を立てている人がいます。

もちろん、そのような経験をすれば、腹立たしい気持ちになるのは当然でしょう。

しかし、そこで怒りにかられて、感情的になって言い返してしまったら、結局は、自分自身が損をするだけなのです。

もしも言い返してしまったら、そこから無益なケンカが始まって、そのために神経をすり減らすことになります。無駄なことに多大なエネルギーを浪費することになり

ます。

何の得にもなりませんし、かえって、そのためにストレスが溜まり、やるべきことが停滞してしまうでしょう。

それは自分の人生にとって、大きな損失になってしまうのです。

仏教の創始者であるブッダは、次のように説きました。

・怒りの感情を口にしてしまう人は、ランクが下である。

・怒りを感じても、歯を食いしばってがまんしている人は、中程度のランクの人である。

・一時的に腹立たしい思いをすることがあっても、動じない心を持って平然としていられる人こそ、一番上のランクの人である。

また、ブッダは、**「知恵ある者は怒らない」**とも述べました。

人間として一番上のランク「知恵ある者」は、怒ることがどんなに自分の人生にとって損になるかをよく知っているのです。

「知恵ある人」は、相手の挑発に乗ることはない

◆自分にとって、何が得かを考える

ある若い女性は、次のような経験があると言います。

彼女はとても能力があり、仕事をしている会社では高く評価されています。

仕事に対する意欲も高く、人間的にもすぐれているのです。

上司からかわいがられて、やりがいのある仕事を任されています。

そんな彼女が、ある日、同僚の男性社員から、

「女はいいよな。能力がなくても、愛想を振りまくだけで、上司からヒイキにしてもらえるから」と言われたというのです。

彼女自身は、「私は自分の実力で評価され、また、やりがいがある仕事を任されるようになった」という誇りがありました。

ですから、その男性の言い方には、非常に腹が立ちました。

しかし、彼女は、そんなことを言ってきた同僚を相手にしませんでした。

受け答えもせずに、やり過ごしてしまいました。

そこで、怒りにかられて言い返して、苛立《いらだ》たしい気持ちになり、無駄なエネルギーを使うよりも、そんな**嫌味を言ってくる人など相手にせずに、自分の仕事に集中していくほうが賢明だ**と判断したからです。

まさに、その同僚の男性は、彼女を挑発して、仕事への意欲を失わせてやろうと企《たくら》んで、根拠のない悪口を言ってきたのです。

彼女は、その挑発に乗らなかったのです。

この事例の女性は「知恵ある者」の一人だと言っていいでしょう。

怒っても、自分自身には何の得になることもないと知っていたからです。

むしろ自分にとって損になるだけだと気づいていたのです。

出る杭《くい》は打たれる、しかし妬みを持つ人を相手にしない

◆嫌味に対して言い返す必要はない

「出る杭《くい》は打たれる」ということわざがあります。

「出る杭」とは、「頭角《とうかく》を現わす人」を指しています。

能力に恵まれ、意欲にあふれ、どんどん実績を上げていく人です。

その結果、抜きん出た存在になり、周りの人たちからも注目を浴びるようになります。

そうすると、そんな抜きん出た存在の人に対して、妬《ねた》み、嫉妬心を感じる人も現れるのです。

そんなネガティブな人たちは、抜きん出た存在の人の悪口を言ったり、足を引っ張ったりすることがあります。

それが、この「出る杭は打たれる」ということわざの意味です。

ある女性は、仕事で大活躍しました。

同僚たちが見ているところで、上司から「よくやった」と大いにほめられました。

しかし、その人を妬ましく思っていた同僚がいたのです。

その女性は、後でその同僚から、「ちょっと上司にほめられたくらいで、いい気になるんじゃないよ」と嫌味を言われてしまったのです。

こんな事例などは、まさに「出る杭は打たれる」だと言っていいでしょう。

妬みを持ったその同僚とすれば、嫌味なことを言って怒らせて、その人の仕事への意欲を失わせてやろうと企《たくら》んだのかもしれません。

そんな挑発に乗る必要はないのです。

また、ムキになって「私は、いい気になんてなっていない」と言い返すこともありません。

相手にせず、無視してやりすごしてしまうのが賢明だと思います。

怒るよりも、大切なことは、**夢に向かって自分がやるべきことに集中する**ことです。

頭にくることを言われたら、とっさに話題をそらす

◆相手の嫌味に、まともに反応しない

頭にくることを言われた時、それに動じることなくやり過ごしてしまう方法の一つに、**「話題をそらす」**というものがあります。

あるキャリアウーマンは、情熱を持って仕事をしています。

会社でも信頼され、また、若いながらも管理職を任されています。

しかし、仕事に熱中するあまり、結婚相手を探す暇がなく、独身でいます。

そんな彼女は、ある日、男性社員から、こんなことを言われました。

「仕事をがんばりすぎじゃないですか。だから結婚できないんですよ。一生、独身のままでいるつもりですか？　結婚できない自分をミジメだと思いませんか？」

その男性社員は、自分よりも仕事ができる彼女にヤッカミを感じて、そんな嫌味を

言ってきたのです。

しかし、そのような嫌味な言葉に、まともに返答する必要はないのです。

このようなケースで、動じない心を保つために役立つのが、「話をそらす」という方法です。

「なんだか、お茶を飲みたくなったわ。ちょっと休憩にしようかしら」

「最近パソコンの調子が悪いのよね。どうしちゃったんだろう」

「さあ、今日はサッサと仕事を終えて、定時に帰宅しよう」

そんなふうにして話をそらせます。

これも、嫌味なことを言ってくる人を相手にしないための一つの方法なのです。

相手は、きっと、肩透かしを食らったような気持ちになって、それ以上は何も言ってこないでしょう。

彼女自身も、余計なことで心を乱されずに済みます。

嫌味を言われた時には、具体的な質問で切り返す

◆実務的な質問をして、話をそらす

嫌味なことを言われても、感情を荒立てることなく、動じない心でやりすごす方法の一つに、**「相手に質問する」**というものがあります。

ある男性は、それまで順調に仕事が運んでいました。

しかし、仕事に失敗し、それをきっかけにスランプに陥ってしまったのです。

その際、前々から彼の活躍を妬《ねた》んでいた同僚から、

「こんなことで停滞《ていたい》しているようじゃ、あなたも大した人間ではないね。まあ、もともと、それほど実力があったわけじゃなかったんだろうね」

という言われ方をされました。

この嫌味な言い方に、彼は強い怒りを感じてしまいました。

一般的に、人は、スランプに陥っている時、精神的にイライラしているものです。このイライラしている状態で、誰かに嫌味を言われると、思わずムカッとしやすいのです。

しかし、やはり、そこで感情的になってしまうのは禁物です。

怒れば、それだけ仕事に集中できなくなり、スランプから抜け出せなくなっていく危険も高まります。

そこで必要になってくるのは、相手の嫌味を上手にかわすテクニックです。

そして、その方法の一つが「相手に質問する」ということです。

「ところで、あの件だけど、君の担当だったよね。どうなっているか教えてもらえませんか」といったように、何か相手に質問することで、相手の嫌味をはぐらかすことができるのです。

この場合、できるだけ実務的な質問をするのが良いでしょう。

感情をまじえずに会話できるからです。

そうすれば、感情的になって余計なことにエネルギーを浪費せずに済みます。

話をそらしたり、はぐらかすことに罪悪感をおぼえない

◆挑発に誠実に対応する必要はない

誰かから失礼なことを言われた時、その話題から話をそらしたり、話をはぐらかしてしまうことに、罪悪感をおぼえる必要はありません。

もちろん、一般的な会話において、そんなことをしたら、相手を不愉快な思いにさせてしまうでしょうから、そんな真似をしてはいけないと思います。

普通の状態なら、誠実に会話するのが良いのです。

しかし、**失礼なことを言って挑発してくる相手にまで、誠実に対応することはない**のです。

そもそも先に失礼なことを言ってきたのは相手のほうなのですから、こちらが多少失礼な対応をしたからといって、それはこちらの責任ではありません。

相手が仕掛けてくる話題から話をそらしたり、はぐらかしてしまうことで、こちらが感情的にならず、平静を保っていけるのであれば、それは正しい方法なのです。

もしかしたら、相手は、こちらが話をそらしたり、はぐらかしてしまうことを指摘してくるかもしれません。

「だから、あなたはダメな人間だって言っているんですよ。話をそらさないでください。私が言ったことについて、あなたはどう思っているんですか？」と言った具合にです。

そういう場合にも、相手の挑発にまともに対応することはないのです。

そういう時には、たとえば**「とぼける」**という方法もあります。

「だから、あなたはダメだって言っているんですよ」

「それが、どうしたんですか？」

といったようにです。

とにかく、大切なことは、失礼なことを言ってくる相手の挑発に乗らないことです。

そうすれば、自分の心の平静が保たれます。

「だから、どうしたの?」で、相手の挑発をやりすごす

◆わざととぼけてしまうほうが良い

フランスの大統領だった人物に、フランソワ・ミッテラン（20世紀）がいます。

このミッテランには、次のようなエピソードがあります。

彼が、大統領在職中だった時の話です。

ある時、ミッテランの女性問題が発覚しました。

連日のようにマスコミの関係者が押し寄せてきて、女性問題についてミッテランに質問を浴びせかけました。

中には、ミッテランを侮辱するようなマスコミ関係者もいました。

しかし、ミッテランは、腹を立てることなく、そ知らぬ顔をして、

「だから、どうしたの？」

と答えたのです。

これは、相手に侮辱的なことを言われた時に、動じない心で上手にかわすための方法の一つなのです。

それは、**「とぼける」**という方法です。

他人から侮辱的なことを言われて、腹が立ってしょうがなくなったという経験を持つ人は多いと思います。

そんな時、相手の挑発に乗って感情的に言い返すことは得策ではありません。

その相手と無益な口ゲンカをして、ますます嫌な思いをさせられるだけだからです。

そういう意味では、むしろ**「だから、どうしたの？」と、とぼけてやりすごしてしまう**ほうが良いのです。

そのほうが平常心を保っていけるからです。

挑発者はあくまで、相手の気持ちをかき乱してやろうとしてきているということを、忘れてはいけません。

その挑発に、まんまと乗ることはないのです。

侮辱《ぶじょく》的なことを言ってくる人間は「弱い人」だと知る

◆未熟な人間には、大人の対応をする

アメリカの社会哲学者であるエリック・ホッファー（20世紀）は、**「無礼とは、強者をまねた弱者の態度である」**と述べました。

言い換えれば、侮辱《ぶじょく》するような、無礼なことを言う人とは、実は「弱い人間」である、ということです。

彼らとすれば、大活躍している人、脚光を浴びている人に嫉妬《しっと》の感情を出しているのです。

また、妬《ねた》みに思っているのです。

ですから、時に彼らは、どうにかして足を引っ張ってやろう、心をかき乱して嫌な思いをさせてやろうと侮辱するようなことを言うのです。

しかも、上から目線で、いかにも強そうな素振りを見せながら、嫌味や悪口を浴びせかけてくるのです。

そういう相手に対しては、**「この人は、実は、弱い人間なんだ。私を妬んでいるだけなんだ」**ということを理解することが大切です。

それを正しく理解することで、相手の挑発に動じない心で対処することができます。

「弱い人間」とは、言い換えれば、「子供である」ということだと思います。

つまり、精神的に未熟であるということです。

したがって、そんな**未熟な人間の侮辱に対して、いちいち腹を立てるのではなく、大人の対応をする**ほうが良いのです。

つまり、**相手の言葉を上手にやりすごしたり、はぐらかしたりする**、ということです。

そのようにして、相手の挑発に乗らず、自分の心の平静を守っていくのが、大人の対処の仕方なのです。

第5章
客観的な意識の持ち方を学ぶ

自分を「ディソシエイト」することで、冷静に悪口に対処できる

◆悪口を言われた自分を客観視してみる

心理学に、**「ディソシエイト（dissociate）」**という言葉があります。

「ディソシエイト」には、「引き離す」「分離する」という意味があります。

たとえば、誰かから悪口を言われたとします。

その時、悪口を言われたのは自分自身に違いないのですが、その自分自身を自分の意識から切り離し、分離して、自分という人間を客観的に眺めてみるのです。

一言でわかりやすく言えば、**「自分を客観視する」**ということです。

そういう意識の持ち方をするのが、心理学でいう「ディソシエイト」です。

悪口を言われた時、このように「ディソシエイト」する、つまり「自分を客観視」することが、その悪口に上手に対処する方法の一つになります。

たとえば、誰かに「あなたってダメな人ですねえ」と言われたとします。その時、**自分自身を客観的に観察し、「私のどこがダメなんだろう。何がダメなんだろう」と考えてみる**のです。

そうすると、**相手は、ただ傷つけてやろうと、何の根拠もなく悪口を言っているのだと理解できる場合があります。その時は、そんな相手の悪口など聞き流してしまえばいい**のです。

一方で、**「この人は、私のこういうところをダメだと言っている」と気づく時もあります。それが理解できた時は、素直に反省し、また改善すればいい**のです。

いずれにしても、自分を少し離れた地点から客観視することで、悪口を言われてもすぐに感情的にならずに済むのです。

この、感情から意識をディソシエイトする、切り離すということも、「不動心」を養成する方法の一つになります。

感情的になって言い返す前に、軽く深呼吸してみる

◆深呼吸で客観的に考える意識が働きだす

他人から悪口を言われた時は、誰もが感情的に動揺します。怒りも感じます。

そのような時には、その「感情」から「意識」をディソシエイト、つまり切り離す、分離するということが大切です。

つまり、意識としては、あくまでも理性的に、**その悪口にはどういう意味があるのかを分析していく**必要があります。

理性的に分析することで、気持ちも落ち着いてきます。

感情的になって、その場の雰囲気を悪くしたり、自分自身がストレスをため込まずに済みます。

感情から意識を切り離す方法としては、**「深呼吸」**があります。

悪口を言われて、思わずムカッとなってしまった時には、軽く深呼吸してみます。

すると、気持ちが落ち着いて、今の状況を客観的に考えようとする意識が働き始めます。

悪口を言ってくる人の中には、多くの場合、なぜ、そのようなひどい言葉で自分を責めてくるのか、詳しく説明してこない人もいるものです。

詳しい説明をせずに、「バカか」「マヌケ」「ダメだ」などといった侮蔑的なことを言ってきます。

ですから、つい自分としても感情的になって言い返すことになってしまいがちなのですが、**軽く深呼吸することで、なぜ相手はそのような悪口を言ってくるのかを、冷静になって理解しようという意識が働く**のです。

そして、それを理解することが、相手の悪口に惑わされないためにはとても大切なことなのです。

「マインドフルネス」によって、不動心を養う

◆瞑想を日々の習慣にする

自分自身や、自分が今置かれている状況を客観的に見る能力を高めるトレーニング法に、**「マインドフルネス（mindfulness）」**があります。

つまり、**「瞑想《めいそう》」**です。毎日、わずかな時間でも構いませんから、瞑想をしてみるのです。

心を静め、呼吸を整え、気持ちを呼吸に集中します。

静かな環境の中で瞑想を行うことが理想的ですが、たとえば、電車の中や、職場で瞑想を行っても効果があります。

時間的にも、**3〜5分程度**でもいいのです。

ゆっくりと呼吸するようにして、意識を呼吸に集中させます。

特に、人から悪口を言われて感情が乱れている時には、それに伴って呼吸が乱れてしまいがちです。

したがって、呼吸を整えることで、乱れた心も静まっていきます。

そうすると、自分自身を客観的に見る意識が働いてくるのです。

「こんな悪口を言われたくらいで怒ることはない。ここで怒ったら、自分が損をするだけだ」という意識も生まれてきます。

その結果、気持ちが楽になっていきます。

このように、悪口を言われた時に心を静める意味で瞑想をしてもいいのですが、何もなくても日常的な習慣として瞑想を行っていくのもいいでしょう。

瞑想、つまりマインドフルネスを習慣にすることで、ひどいことを言われも動じない不動心が養われていくのです。

その結果、落ち着いた気持ちで日々暮らしていけるようになります。

悪口に対しては「客観的な質問」で対応するのがいい

◆冷静に話し合うことを提案してみる

誰かに悪口を言われた時、「どうして、この人は私を侮蔑《ぶべつ》するようなことを言うのだろう？」と、すぐに理解できない場合も少なくありません。

そういう時には、**「客観的な質問で切り返す」**ということが、悪口への上手な対処法の一つになります。

たとえば、「あなたは、どうして、そういう考え方しかできないんですか。自分で自分が愚かだと思わないんですか」と言われたとします。

そういう場合は、次のような「客観的な質問」で切り返すのです。

「私が愚かだというのは、どういう意味ですか」

「私に、どうしてほしいと思っているのですか」

「私は、何か、あなたに迷惑をかけたんでしょうか」

こういう「客観的な質問」は、相手に対して「お互いに悪口を言い合うのはやめて、冷静になって話し合いませんか」というメッセージになります。

相手の悪口に感情的になって、悪口合戦をするほど無益なことはありません。お互いに嫌な思いをするだけでしょう。

それよりも冷静になって話し合うほうが、ずっと生産的なのです。

効果的な質問は、生産的な話し合いへと導くきっかけになるのです。

それでも、侮蔑的な言葉ばかりを投げかけてくる相手もいるかもしれません。

それでもあくまで動じない心で「客観的な質問」を繰り返すのがいいでしょう。

しかし、それでも**相手が「冷静な話し合い」に応じない場合には、それ以上その相手に巻き込まれてしまわないように、「その場を離れる」という選択をする**ほうが賢明でしょう。

相手が感情的になっていることを、その相手にわからせる

◆冷静になるきっかけを相手に与える

相当感情的になって侮蔑《ぶべつ》的な言葉を浴びせてくる人がいます。

「何をしているんだ、バカ野郎！」といった具合です。

そういう場合、自分自身も落ち着くことが大切ですが、その相手にも冷静さを取り戻してもらう必要があります。

そういう時には、**「相手に客観的な状況を教えてあげる」**ということが大切です。

「怒っているようですね。顔がまっ赤ですよ」

「感情的になっている、ご様子ですね」

「私に、何か言いたいことがあるご様子ですね」

感情的になっている人は、たいてい誰でもそうなのですが、自分で感情的になって

いるということに気づいていないものなのです。

自分では気づかないうちに、興奮して侮蔑的な言葉を浴びせているのです。

そういう人に冷静さを取り戻させてあげるには、**こちらから相手に「あなたは感情的になっている」ということを教えてあげる**必要があるのです。

そこでここに掲げたような言葉を言ってあげます。

こちらから投げかける一言によって、その相手自身が「怒っている自分」を客観的に理解しようという意識が働き始めるのです。

その相手自身が、いわば、感情と意識とをディソシエイト、つまり切り離して物事を考えようとし始めるのです。

そうすれば、その相手は冷静な自分を取り戻すことができます。

そして、「悪口を言うよりも、冷静に話し合うほうが、ずっと有益で生産的だ」ということを理解できるようになるのです。

自分の非を認めながらも、侮蔑《ぶべつ》的な言葉は断固拒否する

◆相手の言葉がエスカレートするのを防ぐ

自分の非を責めてくる相手に対して、素直に非を認めることは大切です。しかし、だからといって、相手が発する侮蔑《ぶべつ》的な言葉まで受け入れることはありません。

侮蔑的な言葉だけは、断固として拒否することが大切です。

たとえば、上司から、「どうして、こんなミスをするんだ。だから女は困るんだよ。どうせ、この会社は、結婚するまでの腰掛けぐらいにしか考えていないんだろう」と言われたとします。

こういうケースでは、まずは、**「ミスについては、申し訳なく思っています。反省しています」**と、自分の非を素直に認めます。

その上で、**「しかし、『女は困る』というのは、私に対する侮辱《ぶじょく》です。そういう言い方はしないでください」**という意志表示をしておくほうがいいでしょう。

そうしないと、その相手の侮辱的な言葉はますますエスカレートしていくことになりかねないからです。

それでも相手は、「生意気を言うな」だとか、「上司に向かって、そのいい方は何だ」と言い返してくるかもしれません。

しかし、それでも**「侮辱的な言い方だけはしないでほしい」という意志表示を続けていく**ほうが良いと思います。

そこで相手が、客観的な理解力がある上司だったら、そこで言ってはいけないことを言ってしまったと気づき、「悪かった」と謝ってくれるでしょう。

人の上に立つ立場に出世した人は、それ相応の能力がある人ですから、「侮辱的な言い方はしないでほしい」と意思表示すれば、感情的になって思わず言ってはいけないことを言ってしまったと気づいてくれる人も多いのです。

そして、きっと、ものの言い方を改めるようにしてくれると思います。

メモを通して話し合えば、悪口の言い合いにはならない

◆メモを取るとお互い冷静になれる

職場の同僚の悪口に刺激されて、その場を悪口の言い合いにしないための方法の一つに、**「メモを取りながら話し合う」**という方法があります。

たとえば、相手から「あなたの考え方は次元が低すぎますよ。そんなバカな考えは、小学生だってしませんよ」と言われたとします。

そんな言い方をされたら、誰でも思わずムカッときてしまうと思いますが、こちらはあくまでも冷静になることが大切です。

そして、メモを取り出しながら、

「あなたと私とでは、意見が違うようですね」と、落ち着いた声で語りかけるのです。

次に、**「あなたの考え方を教えてもらえませんか。今、ここで書きとめておきますか**

ら」と、促《うなが》してみるのです。

これがきっかけで、相手の冷静さを取り戻すことができます。

その結果、客観的に生産的な話し合いができるようになるのです。

また、相手が自分の考えを語り出した時には、自分が取ったメモを相手に示しながら、

「あなたの考え方は、こういうことですね」


と、確認を取っていくのがいいでしょう。

さらに、そこに自分の考え方も書き出して、

「私は、この点については、こう考えます」


と、メモを通して話し合っていきます。

そのような方法によって、無益な悪口の言い合いになることを避けられます。

ミーティングルームに話し合いの場を移して、ミーティングボードを利用して、そこに論点を書き出しながら話し合う、という方法でもいいと思います。

信頼できる人の一言で、「客観的な意識」を取り戻すことができる

◆精神的ショックを一人で背負い込まない

誰かから、人格を傷つけられるようなひどいことを言われて大きなショックを受けることがあると思います。

その後、何日間も、そのショックから立ち直れないこともあると思います。

そのような心理状態になった時には、**信頼できる人に相談する**のが良いと思います。

たとえば、家族、友人、尊敬している人などに会って、自分が体験したことを話してみるのです。

誰からどういうことを言われたかという事実、そして、その時自分がどんなに大きなショックを受けたかということについても、すべて話します。

大切なことは、その**ショックを自分一人で背負い込んで悩み続けない**、ということ

です。

その信頼できる人は、「あなたが、そういう人間じゃないことは、私が一番よく知っている。あなたがすばらしい人だってことは、私が知っている」と言ってくれるでしょう。

そんな信頼できる人の慰めの言葉によって、自分自身も、**「そうだ。私は、悪い人間なんかじゃない」**ということに気づくのです。

言い換えれば、信頼できる人の一言で、自分自身の感情から意識がディソシエイト（切り離されること）されて、冷静で客観的な意識で自分を客観的に見られるようになります。

そして、客観的な目で見れば、**「自分という人間は、悪口を言われるような人間ではない」**ということに気づくのです。

ショックからも解放されて、心が楽になります。

そういう意味で、信頼できる人に相談するということは、とても大切です。

一人で悩み続けていると、この客観的な意識で自分を見返してみるということがなかなかできないのです。

「認知バイアス」から自分自身を解き放つことが大切になる

◆悪口をそのまま信じ込まない

心理学に**「認知バイアス」**という言葉があります。

「バイアス（bias）」には、「偏《かたよ》り、歪み」といった意味があります。

つまり、「認知バイアス」とは、**「物事を客観的に正しく認知、つまり理解できていない心理状態」**を指しています。

他人からひどい言葉で侮蔑されると、悪口を言われた人間は、この「認知バイアス」にかかりやすいのです。

たとえば、上司から「あなたは、この会社にいても何の役にも立っていない。むしろ、辞めてもらったほうが助かる」と言われたとします。

すると、そんなことを言われた本人としては、「本当に私は、この会社で何の役にも立っていないのだろうか」と思い始めます。

本当は大いに役立っているのです。会社にとっては、貴重な存在なのです。でも、相手の言葉に影響されて、「私は、辞めたほうがいいんだろうか」と思い込んでしまうのです。これが「認知バイアス」です。

特に、大きなショックを受けてしまうような、ひどい言葉で侮辱されればされるほど、大きな認知バイアスが生じてしまいがちです。

この認知バイアスから解き放たれるための方法として、**「信頼できる人に相談する」**というものがあります。

信頼できる人とは、家族でも友人でも先輩でもいいのです。

その信頼できる人は、きっと、「いや、あなたはこの会社に必要な人だ」と言ってくれるでしょう。

その一言で、自分自身を客観的に見る意識を取り戻すことができ、「そうだ、私がこの会社に貢献しているところはたくさんある」と気づくことができるのです。

「みんな言っているよ」という言葉に惑わされないようにする

◆本当にそうなのか自問自答してみる

人の心理に「認知バイアス（理解の歪み）」を生じさせる言葉として、**「みんな、そう言っている」**というものがあります。

たとえば、職場やサークルの誰かに、「あなたがいると雰囲気が暗くなるって、みんな言っているよ」と言われたとします。

しかし、実際には、そのようなことはないのです。

それにもかかわらず、この「みんな言っている」という言われ方をすると、その本人自身も「私は、みんなの雰囲気を悪くしてしまう存在なんだろうか」という思いにとらわれてしまいやすいのです。

言い換えれば、悪口を言って、他人の心を惑わせてやろうと企《たくら》んでいる人は、この

「みんな言っている」という言葉を利用しようとします。

この「みんな言っている」という言葉の影響力をよく知っていて、この言葉を使ってより強力に心を揺さぶってやろうと仕掛けてくるのです。

したがって、言われた側としても、「みんな言っている」という言葉にはよくよく注意しておく必要が出てきます。

この**「みんな言っている」という言葉を安易に信じない**ことです。

そして、客観的な意識で、**「本当に私は、その場の雰囲気を暗くしている人間なんだろうか」**ということを自分に問いかけてみる必要があると思います。

この**「自問自答する」**ことが、自分という人間を客観的な意識で見つめ直してみる、ということにつながっていきます。

そうすれば、自分が、その場の雰囲気を暗くしている人間ではない、ということがわかってきます。

「迷惑だ」という一人の言葉に惑わされないようにする

◆他の人からも意見を求める

「迷惑なんだ」という言葉で非難してくる人がいます。

実際には、自分は何か迷惑なことをしているわけではないのです。

むしろ、周りの人たちのために良いことをしているのです。

しかし、この「迷惑なんだ」という言い方で非難されると、言われたほうは「私は、みんなから迷惑に思われているんだろうか」と思えてきてしまうのです。

これは「認知バイアス（理解の歪み）」の一つといっていいでしょう。

たとえば、ある男性は、次のような経験があると言います。

彼は、ある会議の席で積極的に発言しました。もちろん彼としては、自分が積極的に発言することによって議論を深め、より良い結論を出せるだろうと考えたのです。

しかし、後から、同僚の一人に、「あなたが、どうでもいいような意見をあれこれ言うものだから、会議が長引いたじゃありませんか。迷惑なんですよ」と言われてしまったのです。

彼は、その言葉にショックを受けて、それ以来、会議で発言できなくなってしまったのです。

しかし、「迷惑だ」というのは、その同僚一人の勝手な都合でしかなかったのです。

他の会議の出席者は、彼の積極的な発言をむしろ歓迎していたのです。

それにもかかわらず、一人の人間から「迷惑だ」と言われてしまうと、「私は、みんなから迷惑に思われているのだろうか」という認知バイアスが生じてしまうのです。

この認知バイアスから解き放たれるためには、**他の人たちに素直に「会議での、私の意見をどう思いましたか」と意見を求める**ほうがいいと思います。

そうすれば「いい意見だった。参考になった」という答えが何人かから返ってくると思います。

そう言ってくれる人が大勢いるとわかれば、認知バイアスから解き放たれて気持ちが楽になり、自信も回復してきます。

「あいまいな言葉」に惑わされないようにする

◆悪口を裏返して、意味を考えてみる

心理学に、**「バーナム効果」**という言葉があります。

「多くの人に当てはまるような、非常にあいまいな言葉を、自分だけの問題として受け取ってしまう心理傾向」のことを言います。

誰かに批判された人には、この「バーナム効果」が働いてしまうことがよくあります。

たとえば、他人から「面白くない人なんですね」「勇気がないんですね」といった言い方をされたとします。

このような批判は、非常にあいまいで、また何を根拠にそのように言っているのか、こちらとしてはよくわかりません。しかも、「面白くない人」であっても、「勇気がな

い人」であっても、自分一人だけではなく、他にもそのような人は大勢いるようにも思えます

しかし、このような「あいまいな言葉」が、かえって人の心を惑わしてしまうことが多いのです。

そう言われた人にとっては、周りの人に比べて自分一人だけが特別「面白くない人」のように思えてきて、ひどく落ち込んでしまいがちなのです。

しかし、これは「認知バイアス（理解の歪み）」の一つなのです。

まず大切なのは、**相手は、これといって根拠もないのに、このような「あいまいな言葉」を使っている、と理解する**ことです。

その上で、実は、**「面白くない人」とは「誠実で、まじめな人」であるということの裏返しの表現であること、また、「勇気がない人」とは「慎重で、着実な人」の裏返しの言い方にすぎないことを理解する**ことも大事です。

そのような批判は、裏返せばポジティブな意味にもつながっていくことを客観的に理解すれば、気持ちが解放されると思います。

第6章
成功するまでは、動じない

「批判されるのは、当たり前のこと」と考えてみる

◆当たり前だと思えば慣れてくる

アメリカの作家であるジェーン・オースティン（18〜19世紀）は、**「あなたが凄《すご》いと思うことでも、世の中の半分の人はそれを理解できない」と**述べました。

たとえば、自分自身とすれば「この仕事は最高の出来栄《できば》えだ。こんなユニークで画期的な仕事をした人は、他にはいないだろう」と考えたとします。

しかし、自分自身でそんなふうに「凄い」と思う仕事であっても、半分くらいの人はその凄さを理解できないのです。

さらに言えば、その半分くらいの人たちは、その凄さを理解できないばかりか、「なんてくだらない仕事だ」「こんな仕事が世間から受け入れられるはずがない」などと批判さえ言ってくるものなのです。

そのような批判にさらされれば、もちろん、落ち込むことにもなります。「どうして、この仕事の凄さをわかってくれないんだ」と、腹立たしい気持ちにもなるでしょう。

中には、そこで仕事への意欲をなくしてしまう人もいるかもしれません。

しかし、そんなことで挫折してしまうことは、自分自身にとって非常にもったいないことだと思います。

そうならないためには、**初めから、「批判されるのは当たり前だ」という覚悟を持っておく**ことが大切だと思います。

自分自身では、どんなにうまくいったと思える仕事でも、必ず批判してくる人が現れるのです。

しかし、それは「当たり前のこと」なのです。

当たり前のことだから、あまり気にすることもないのです。

批判の声よりも、称賛の声を意識するようにする

◆批判する人も称賛する人もいると知る

自分では自信満々の仕事の出来栄えであっても、それを批判してくる人が必ず現れるものです。

しかし、ここで忘れてはならないことがあります。

たとえ半数の人から批判されたとしても、後の半数の人は自分の仕事を認め、称賛してくれているということです。

したがって、批判ばかりに惑わされて、**称賛してくれる人がいることを忘れてしまってはならない**のです。

むしろ**称賛してくれる人の言葉に意識を向け、それを励みにしてがんばっていくことを考える**ほうが賢明です。

アメリカの女性実業家であるメアリー・ケイ・アッシュ（20〜21世紀）は、**「批評はすべて、分厚い『称賛』のパンにサンドするものだ」**と述べました。

この言葉にある「分厚い『称賛』のパンにサンドする」とは、サンドウィッチのようにして、分厚い「称賛」のパンで「批判」をはさみ込む、ということです。

つまり、自分の意識の中で、**自分を称賛してくれる人の言葉のほうにより重きを置いて、批判の声を包み込んでしまい、批判の声はあまり気にしないように心がける**、ということです。

そのほうが明るい心で、生産的に前に向かって進んでいくことができるのです。

称賛の声のほうを意識するようにするということも、批判に動じない心を養っていく方法の一つだと思います。

批判の声ばかりに意識を奪われていたら、人は、そこで立ち止まったまま前に向かって歩いていけなくなってしまうのです。

周りの人たちの言葉をあまり気にせず、信念に従って生きる

◆願望を実現するのは自分の信念だと知る

幕末の幕臣であり、明治政府でも活躍した勝海舟《かつかいしゅう》（19～20世紀）は、**「行蔵《こうぞう》は我に存《そん》す。毀誉《きよ》は人の主張」**と述べました。

この言葉にある「行蔵」とは、「信念を持って、積極的に行動していくこと」を意味します。

「毀誉」とは、「周りの人たちから、チヤホヤされたり、あるいは批判されたりする」ということです。

つまり、この勝海舟の言葉は、意訳すれば次のようになります。

「周りの人たちから、チヤホヤされたり、あるいは批判されることなど気にせず、私は自分の信念に従って積極的に行動していく」ということです。

言い換えれば、そのような生き方をしてこそ、大きなことを成し遂げることができる、と述べているのです。

願望を抱き、その願望を目指してがんばっていく途中で、周りの人からチヤホヤされることがあります。

しかし、チヤホヤされたために調子に乗って、そこで怠けたり遊んでしまう人もいます。

その結果、結局は願望を達成することができません。

また、一方で、周りの人から批判されることもあります。

そのために落ち込んでしまって、立ち直れなくなってしまう人もいます。

そうすると、やはり、願望を実現することはできません。

したがって、**周りの人たちからどんなことを言われようとも、そんなことをあまり気にせずに、自分は自分の信念に従って積極的に行動していく**のが良いのです。

それでこそ願望を実現し、また、大きなことを成し遂げることができます。

これも「不動心」につながる考え方だと思います。

成功を手にするまでは、決して怒らないと決めておく

◆感情的になったら、そこで終わり

ドイツの哲学者であるショーペンハウエル（18～19世紀）は、**「何ごとも、成功までには三段階ある」**と述べました。その三段階とは、次のようなものです。

・第一段階……人から笑い者にされる。
・第二段階……激しい抵抗と反対にあう。
・第三段階……それまで笑い者にしたり反対したりした人たちが、いつの間にか称賛者になっている。

まず初めに、自分で「こういうことを成し遂げたい」という願望を抱き、それを実現するために行動を始めます。

その最初の段階では、周りの人たちの中には、「あなたにできるわけがない」「そん

なことをして、どうなるんだ」と、笑い者にしてくる人も多いのです。

そして、具体的な行動が進んでいくに連れて、「失敗したら、どうなるんだ。そんなバカなことは、やめてくれ」といった抵抗や反対にあうようにもなります。

そして、最後に願望が実現した段階になると、「すばらしい。あなたは、すごい」と、周りの人たちはみんな成功者を称賛するようになるのです。

このショーペンハウエルの説は、言い換えれば、次のようにも理解できると思います。

つまり、第一段階で、誰かから笑い者にされたからといって、そこで感情的になって怒ってはいけない、ということです。

そこで気持ちを荒立ててしまったら、そこから先へ前進する意欲が失われてしまうかもしれないからです。

また、第二段階で、抵抗や反対にあった時も同様に、気持ちを荒立てないほうがいいのです。

成功するためには、笑い者にされても、抵抗や反対にあっても、動じない心で前進していくことが大切です。

落ち込んでも、再び元気を取り戻す精神力を持っておく

◆柔軟な強さを身につけて立ち直る

禅の言葉に**「不倒《ふとう》」**というものがあります。

文字通り「倒れない」ことですが、これは精神的な意味で「倒れない」ということです。

ただし、この「不倒」とは、強い精神力を持って、どんなことがあろうともビクともしない、ということを意味しているのではありません。

人間である限り、感情が揺れたり乱れたりすることもあるのです。

しかし、落ち込んだまま起きあがれなくなる、というのではなく、**倒れそうになっても再び起きあがってくる**、というのが、この「不倒」という言葉の意味なのです。

たとえば、自分が「これをしたい」と思っていることを、他人から「あなたにでき

るわけがない」などと嫌味たっぷりに笑われたら、腹立たしい気持ちになると思います。自分の願望していることに対して、「失敗するに決まっているから、やめておけ」と決めつけられるようなことを言われたら、思わずカチンときてしまうに違いありません。

しかし、そこで感情的になることがあっても、再び気を取り直し、何事もなかったようにして自分のやりたいことに向かって元気に活動を始めるのが、「不倒」なのです。

禅は、ある意味、このような「精神的に立ち直る力」を重視しているのです。

この「不倒」という考え方も、「不動心」というものにつながるものがあると思います。

不動心もまた、必ずしも「ビクとも動かない」ということだけを意味しているのではありません。

他人から批判や悪口を言われて落ち込んだり、感情的になることがあっても、再び立ち直って元気を取り戻していく、という意味もあるのです。

そのような心の柔軟性を保っていくということが、不動心、また「不倒」という禅語の考え方なのです。

悪口を言われた時は、過去の成功体験を思い出してみる

◆悪口を受け流し、落ち着きを取り戻す

心理学に、**「レジリエンス（resilience）」**という言葉があります。

これは、「精神的な回復力」「心の復元力」といった意味です。

落ち込むことがあっても、そこから立ち直っていく精神力のことです。

感情的になることがあっても、再び落ち着いた気持ちを取り戻すことができる精神的な力のことです。

この「レジリエンス」を身につけていくことが、充実した人生を実現していくためにはとても重要です。

では、落ち込んだり、感情的になった時、そこからどのようにして立ち直っていけばいいかということについてですが、その方法の一つとして、**「過去の成功体験を思い**

出す」というものがあります。

誰かに、「あなたって本当に、何をやらせてもドジばかりするんですね」と嫌味を言われたとします。

他人から、「あなたは性格が悪いですね」と悪口を言われたとします。

そんな言われ方をすれば、当然、落ち込みますし、腹も立ってきます。

そういう時には、自分自身の過去の成功体験について思い出してみるのです。

「この人は、私をドジだって言うけれども、私はこれまで人から『たいしたものですね』とほめられたこともたくさんある」

「私の性格が悪いと言うが、これでも私は『あなたって、すばらしい人ですね』と言われることも多い」

ということを思い出すことによって、気持ちが落ち着き、自分に対する嫌味や悪口を軽く受け流してしまうことができるのです。

悲観的なことを言われても、自分は楽観的な心を捨てない

◆「まだまだこれからだ」と考えて立ち直る

マンガ家の藤子・F・不二雄（20世紀）は、『ドラえもん』という作品の中で、**「君はこれからも何度もつまづく。でも、そのたびに立ち直る強さももっているんだよ」**というセリフを書きました。

失敗をすれば、周りの人たちから批判されると思います。

スランプに陥《おちい》ることがあれば、嫌味なことを言ってくる人も出てくるでしょう。

問題を起こせば、物笑いの種にしてくる人も出てくるかもしれません。

言われた本人とすれば、その度に怒りの感情に心をかき乱されることになるでしょう。

落ち込んで、がんばっていくことが嫌にもなってきます。

しかし、そこで大切なことは、**自分自身の「立ち直る力」を信じる**ことです。

この「立ち直る力」を信じることができる人は、他人からどんなに嫌なことを言われることがあっても、それほど気にせずに済ませてしまうことができるのです。

もちろん、腹立たしく思うことがあっても、それは一時的なことで、再び平静な心を取り戻し、自分がやるべきことへ向かってまい進していくことができます。

そのような「立ち直る力」を身につける方法の一つとして、**「楽観的になる」**ということが挙げられます。

自分の悪口を言ってくる人は、様々な悲観的な言葉で相手の心を動揺させてやろうと挑発してきます。

「あなたは、もう終わりですね」「お先、真っ暗ですね」などといった言葉です。

そんな言葉を真に受けないことが大切です。

自分自身としては、**「私は、まだまだこれからだ」「将来は明るい」と楽観的に考えていく**ほうが良いのです。それが自分に立ち直る力を与えてくれます。

悲観的な言葉の毒は、楽観的な言葉で打ち消してしまう

◆悪意のある悲観的な言葉は真に受けない

悲観的な言葉を用いて他人の心をマイナスにしようとする人がいます。

「このままだと、うまくいかないのではありませんか」

「この壁は乗り越えられそうにありませんね」

「このままではダメですよ。大変なことになりますよ」

といった悲観的な言葉です。

もちろんその人が言うことに、ちゃんとした根拠があるのであれば、その人の言葉を真剣に受け止めなければならないでしょう。

しかし、根拠などは何もなく、ただ単に他人の心をかき乱してやりたいというだけで、そんな悲観的なことを言ってくる人もいるのです。

もし、そうとわかった時は、その相手の言葉をまともに受け取ることはありません。軽く受け流してしまうほうが賢明です。

その方法の一つとして、相手の悲観的な言葉に対して、**「楽観的な言葉で対抗する」**というものがあります。

直接相手に言い返す必要はありません。

自分の心の中で、

「だいじょうぶ。きっと、うまくいく」

「どうにかなる。希望を持とう」

「今のままでいい。このまま進もう」

といった楽観的な言葉を自分に言い聞かせてみるのです。

そうすることで気持ちが落ち着き、相手の悲観的な言葉に惑わされることなく、軽く受け流すことができるのです。

「今現在」のことに集中して、他人の挑発を受けつけない

◆過去のことも未来のことも考えない

他人の過去の失敗を蒸し返してくる人がいます。

「そういえば、昔、あなたは、こんな失敗をしましたよね」

といった具合です。

そして、将来に不安の種を植えつけようとします。

「また同じ失敗を繰り返すことになるんじゃないですか。心配ですねえ」

といったようにです。

しかし、これは悲観的な言葉で人の心を乱そうという挑発なのです。

その挑発にまんまと乗ることはありません。

そこで大切になってくるのは、**「楽観的になる」**ということです。

オーストリアの精神科医であり心理学者だったアルフレッド・アドラー（19〜20世紀）は、

「悲観的な人は『過去』の失敗をウジウジと考え、『未来』を心配し続ける。しかし、勇気がある楽観的な人は『今現在』に集中する。過ぎてしまった『過去』をクヨクヨと考えるのをやめ、『未来』を不安視することなく、『今現在』できることだけに集中する」

と述べました。

相手の悲観的な言葉に影響されて、自分自身まで「『過去』の失敗をウジウジと考え、『未来』を心配し続ける」ことはないのです。

言い換えれば、誰かから過去の失敗を蒸し返されたり、将来の不安の種を植えつけられたりした時には、そんな言葉に惑わされて悲観的になるのではなく、**「『今現在』できることだけに集中する」**ということが大事なのです。

そうすることによって、楽観的な気持ちになっていきます。

一度ぐらいの悪口で、志を捨ててはいけない

◆志があれば、批判など気にならなくなる

イギリスの劇作家であるシェークスピア（16〜17世紀）は、「**成し遂げたいと思う志を、ただ一回の敗北によって捨ててはならない**」と述べました。

「私は、これを成し遂げたい」という志を、たった一回の失敗で捨ててしまうのは、自分の人生にとってもったいないことだと思います。

成功者と言われる人たちは、誰でもそうだと思いますが、何度も失敗を重ねて成功をつかみ取ったのです。

失敗をして、周りの人たちから批判され、それでもあきらめずに志を貫いてきた人たちなのです。

ですから、一回の失敗ぐらいでめげていたら、永遠に大きなことなど成し遂げられ

ないでしょう。

誰かから一度批判や悪口を言われたくらいで、やる気をなくしていたら、夢や願望を叶えることなどできないでしょう。

言い換えれば、一回の失敗、一度の批判や悪口くらいで心が折れてしまう人は、初めから志が弱かったのかもしれません。

「思えば、叶《かな》う」という格言もあります。

「思う」とは、ただ漠然《ばくぜん》と「こうなればいいなあ」と考えることではありません。

むしろ、**「熱望する」**ということなのです。

熱く、強い気持ちをもって「こうしたい」と思えば、一回の失敗、一度の批判や悪口くらいでめげることはありません。

熱望すれば、どんなことがあっても、動じない心で自分の志を貫き通していくことができるようになるのです。

第7章
困った人に
振り回されない

陰口は無視していれば、そのうちに消えていく

◆一度注意して、その後は相手にしない

面と向かって悪口を言ってくる人もいれば、陰でこそこそと他人の悪口を言いふらす人もいます。いわゆる陰口です。

では、そんな陰口を言いふらす人に、どう対処すればいいのでしょうか？

参考になる言葉がありますので、ここで紹介しておきます。

アメリカの牧師であり著述家のジョン・トッドは、**「仲間が陰口を言ったりしたら、口で注意できる場合は注意し、それで駄目な場合には口をつぐみ、それでも続くようだったら、その場を立ち去ることである**（意訳）**」**と述べました。

たとえば、職場の仲間が、陰で自分の悪口を言いふらしていることが発覚します。

そのような場合、その人に向かって、一度は、「私の陰口を言うのをやめてほしい」

と**注意**してもいいでしょう。

しかしながら、残念なことに、注意しても陰口を言うのをやめない人もいるようです。

そういう場合は「口をつぐむ」、つまり**「黙る」**のがいいのです。

それでも、なおも、その相手が陰口を言うのをやめない場合は、**「その場を立ち去る」**のがいいのです。

この「黙る」「その場を立ち去る」というのは、言い換えれば、「無視する」「相手にしない」ということだと思います。

陰口を言う相手など無視して、**自分は自分のやるべきことに専念します。**

そのうちに、いくら陰口を言ってもこちらがまったく動じない様子を見て、相手も陰口を言うのをやめてしまうでしょう。

ですから、注意してもだめな時は、陰口を言う相手のことなど気にしないで、無視していればいいのです。

悪い噂など、そのうち消えてなくなると知っておく

◆悪い噂は、動じない心で無視する

仏教の創始者であるブッダに、次のようなエピソードがあります。

ブッダが、布教のために全国各地を歩き回っていた時のことです。

ブッダは、ある村に滞在していました。

その村には、ブッダの悪口を言いふらす人がいました。

その頃、ブッダの説教を聞いた人たちは、出家をしてどんどんブッダの弟子になっていました。その様子を見て、ある一部の人たちが、「ブッダは、人をだまして、自分の弟子にしている。ブッダは悪い人間だ」と、悪い噂を流していたのです。

そこで、ブッダの悪い噂が流されていると知った弟子の一人が、ブッダに、「噂を流している人たちに会って、やめるように注意すべきではないでしょうか」と申し出ま

した。

するとと、ブッダは、**「放っておけばいい。噂などというものは、そのうちに消えてなくなるものだ。それよりも私たちは、私たちのやるべきことに専念することが大切だ」**と説得しました。

その後、しばらくすると、ブッダが言った通り、その村からブッダの悪い噂は消え去ってしまいました。

大切なことは、自分の悪い噂に惑わされない、ということです。

そのために、自分がやるべきことを疎《おろそ》かにしてはいけない、ということです。

そして、そのためには、**悪い噂に対して「無視する、相手にしない」という態度を取っていく**ほうが賢明なのです。

「人の噂は七十五日」ということわざもあります。

人の噂などというものは、七十五日、つまり約二カ月半で消えてなくなる、という意味です。

したがって、大騒ぎせず、動じない心で、自然に噂が消えてなくなるのを待てばいいのです。

陰口を言う「暇《ひま》な人」など相手にしないほうがいい

◆「暇な人」に振り回されないようにする

「陰口を言うのは、暇《ひま》な証拠」という格言があります。

誰かの陰口を言う人というのは、暇なのです。

意欲を持ってやるべきことがない人だと言えるでしょう。

会社などでは、きっと、大した仕事を任されることもない人だと思います。

そこで、劣等感を抱き、誰かの陰口を言い始めます。

その「誰か」とは、会社では、重要な仕事を任されて活躍している人だと思います。

陰口を言う人には、そのような活躍している人への嫉妬心《しっとしん》もあるのかもしれません。

悪い噂を流して、活躍している人の足を引っ張りたいのです。

ただし、いずれにしても、そんな陰口を流す「暇な人」に惑わされて、自分のやるべきことへの集中力を失ってしまうのはバカげていると思います。

そんな「暇な人」が陰で何を言っていようが、無視していればいいのです。

そして、**自分がやるべきことに全力を傾けることだけを考えていればいい**のです。

そして、大きな実績をあげ、評判を高め、さらに重要な仕事を任される立場になっていけば、そのうちに周りの人たちは、その人を信頼してついてくるでしょう。

大勢の人たちが慕って、その人の周りに集まってくるでしょう。

そうなれば、孤立してしまうのは、自分の陰口を言っていた「暇な人」のほうなのです。

陰口を流すことに夢中になって、これといった実績も挙げられずにいる劣等感を持った「暇な人」は、やがて誰からも信用されなくなっていきます。

そんな人の話を信じる人などいなくなってしまうのです。

ですから、陰口を流す人などに惑わされることはないのです。

まずは「困った人」の気持ちを理解するところから始める

◆相手の心理がわかると自分が落ち着く

不平や不満をぶつけてくる人がいます。

職場の同僚にそういうタイプの人がいて、悩んでいる男性（Aさん）がいます。

毎日のように、Aさんに対して、

「僕がうまくいかないのは、あなたのせいだ」

「あなたと一緒にいると、僕はやる気が出ない」

「あなたのために、私の評価も下がっている」

と、不平や不満を言ってくるのです。

Aさんとしては、腹が立ってしょうがありません。

というのも、その同僚の不平や不満は、言いがかりとしか言いようのないものだからです。

Ａさん自身が、その同僚の仕事の邪魔をしているような事実は一つもないのです。ですから、その同僚から不平不満を言われるたびに、心が乱れて自分の仕事に集中できなくなってしまうのです。

職場のように、様々な性格を持つ人が集まって共同作業をしている状況では、このような、いわば「困った人」とどうつき合っていけばいいかという問題で悩んでいる人も多いようです。

このような困った人への対処の仕方として、まず大切なのは、**「相手の心理を理解する」**ということです。

「なるほど、こういう気持ちから、この人は私に、言いがかりとしか言いようがないような不平不満をぶつけてきていたのか」ということを理解できれば、それだけでも自分の気持ちはだいぶ落ち着きます。

そして、動じない心で、最善の対処策を考えることもできるのです。

困った人の心には、「自分を守りたい」という意識が働いている

◆相手のためにアドバイスしてあげるとよい

心理学に**「防衛機制《ぼうえいきせい》」**という言葉があります。

精神分析学の創始者といわれるフロイトが名づけた言葉です。

人の心に何らかの悩みが生じた時、その人の心には本能的に「自分を守りたい」という意識が働きます。

このような心理の働きを「防衛機制」、あるいは「ディフェンス・メカニズム」と呼びます。

職場などにいる、いわゆる「困った人」には、この「防衛機制」の心理が働いているケースが多いようです。

たとえば、同僚の一人が、「僕がうまくいかないのは、あなたのせいだ」と言いがか

りとしか言いようのない不平不満を言ってくる場合、その同僚の心理の背景にも、この「防衛機制」が働いている場合があるのです。

その同僚の仕事がうまくいっていないのは、その同僚自身に問題があるのです。そしてその同僚自身、かなり強いプレッシャーを感じているのです。

同僚は、そのプレッシャーに、自分自身が押しつぶされそうになっていることを強く感じています。

そのような状態になっている時に、「防衛機制」が働くのです。

つまり、自分の仕事がうまくいかない原因を、「あなたのせいで」と誰かに押しつけることで、「安心感を得たい」という意識が働いているのです。

それを**理解できれば、その同僚とのつき合い方もわかってきます。**

その同僚の仕事がうまくいかない原因を、自分なりに判断してアドバイスしてあげてもいいでしょう。場合によっては、その同僚の仕事を手助けしてあげるという方法もあると思います。

そのようにして、その同僚の仕事が順調に進んでいくようになれば、もう言いがかりとしか言いようのない不平不満を言ってくることもなくなると思います。

相手の心に絡《から》みついた「悩み」というツルをほどいてあげる

◆安心すれば、不平不満を言わなくなる

「葛藤《かっとう》」という言葉があります。

「ある問題を解決しようとして一生懸命になってがんばるけれども、どうしてもうまくいかずに思い悩む」ということを意味する言葉です。

いわゆる**「困った人」の心理の中にも、この葛藤がひそんでいると言っていい**でしょう。

ところで、「葛藤」の「葛」という字は「くず」とも読みます。

「くず」は植物の一種で、細いツルで大きな樹木などに絡みついて成長していきます。

一方、「藤」も、やはり植物の「ふじ」で、これもまた細いツルで大きな樹木などに絡みついて成長していきます。

「葛藤」とは、植物の「くず」や「ふじ」のように細いツルが絡みついた状態を表わしています。つまり、人の心が「悩み」という細いツルでがんじがらめになっている状態を示しているのです。

その本人とすれば、その「悩み」のツルを振りほどきたいと思うのですが、どうしても振りほどくことができません。

その欲求不満から、その人は、「あなたのせいで、私はこんなに苦しい思いをしている」と、周りの人たちに、責任転嫁とも言えるような不平不満をぶつけてしまうことがあるのです。

そういう時には、**その人の心に絡みついた「悩み」というツルを振りほどくのを手伝ってあげてもいい**のです。

心から「悩み」というツルが振りほどかれれば、その人は心が軽くなって、もう「あなたのせいで」と不平不満を言ってくることはなくなるでしょう。

相手を安心させてあげることが、自分自身の心の平安にもつながります。

攻撃的な相手であっても、あくまでも冷静に対処する

◆相手の気持ちが落ち着くまで待つ

心理学に、**「コンフリクト傾向」**という言葉があります。

「コンフリクト（conflict）」には、「衝突、対立」といった意味があります。

自分に対して、わざとケンカを売るようなことを言って挑発してくる相手のことです。

非常に怒りっぽく、ささいなことで感情的になって攻め立ててきます。

そんな好戦的な性格のことを、「コンフリクト傾向」と言います。

このような性格の人が、同じ職場にいると厄介《やっかい》です。

ちょっと意見が違っただけでも、激しい言葉で攻撃してくるのですから、とてもつき合いづらい相手なのです。

　このようなタイプの人への対処の方法として、まず大切なのは、**相手の挑発に乗って感情的になってはいけない**、ということです。

　相手は、ムキになってベラベラとしゃべりまくってくるでしょう。

　自分を侮蔑するような言葉も入りまぜてくると思います。

　しかし、感情的になって言い返すのではなく、とりあえず、**相手が最後までしゃべり終わるのを待つ**ほうがいいと思います。

　相手がカッカしている時間は、そう長くは続きません。

　自分が理性を保っていれば、そのうちに相手の気持ちも落ち着いてきます。

　それを、動じない静かな態度で待っているのが賢明です。

　そして、**自分から何か反論すべきことがある時には、相手の気持ちが落ち着いてからする**ほうがいいと思います。

　それが、このタイプの人と話をする時のコツです。

感情的になっている相手の言い分を、まずは認めてあげる

◆相手が落ち着いてから自分の意見を言う

感情的で、キレやすい人がいます。

怒りっぽく、人の心を傷つけるような言葉を平気で言ってくる人もいます。

心理学で言う「コンフリクト傾向」が強い人です。

このタイプの人は、自分の意見を否定されるのを嫌います。

「それは違うと思う」

「それは間違っている」

といった否定的なことを言われると、いっそう怒って暴言をぶつけてきます。

逆に、

「なるほど、おっしゃる通りですね」

「そういう考え方もあるんですね」

といったように、肯定的なことを言われると、気持ちが少し落ち着きます。

したがって、そういうタイプの人には、その**相手の言い分も認めるようなことを言い、相手の気持ちが少し落ち着いてきた頃を見はからって、それから自分の意見を言うようにする**ほうがいいでしょう。

いずれにしても大切なのは、感情的になっている相手の気持ちを鎮《しず》めてあげるということです。

その意味では、表情も大切です。

相手は鬼のような顔で迫ってくるかもしれませんが、**あくまでも穏《おだ》やかな表情で接することが大切**です。

穏やかな表情は、相手の気持ちを落ち着かせることもできます。

そして、やはり、相手の表情が穏やかになってきた頃を見て、やんわりと自分の意見を述べるようにすればいいのです。

「口うるさい人」とは、「報連相」を密にしていく

◆小さなことでも前もって伝える

いわゆる「口うるさい人」がいます。

細かいことについて、「こんなことでは、ダメじゃないか。どうするつもりなんだ」と、いちいち口を出してきます。

この「口うるさい人」が言ってくる言葉は、たいていは、小言《こごと》であり、文句であり、注意です。

しょっちゅう、そのような否定的なことばかり言われると、嫌になってくることもあります。

イライラするし、時には、「いちいち、うるさいんですよ」と言い返したくもなってきます。

しかし、そのような「口うるさい人」が職場の上司であると、感情的になって言い返すことはできません。

そこで、その相手の小言に動じない心で、円満につき合っていく必要が出てきます。

そのつき合い方の一つは、**「報告、連絡、相談」を頻繁《ひんぱん》にしていく**、ということです。

上司から小言や文句を言われる前に、こちらから**小さなことであっても報告、連絡、相談をしておく**ことです。

そうすることで、上司は安心します。

すると、口うるさいことを言ってこなくなります。

特に、**何か問題になりそうな心配事があった時には、相手から指摘される前に、自分から報告や相談をしておく**のが賢明です。

それが「口うるさい人」と動じないで上手につき合っていくコツになります。

「口うるさい人」に対して、むしろ感謝の気持ちを持ってみる

◆感謝すれば相手とつき合いやすくなる

「口うるさい人」が近くにいると、イライラが止まらなくなってしまうものです。「うるさい。ほっといてくれ」と、声を荒らげたくなることもあるでしょう。

しかし、そのことで人間関係が悪化していくこともあります。

その口うるさい人が、会社の同僚であったり、あるいは上司であったりする場合は、そんな「うるさい。ほっといてくれ」という一言で、人間関係にヒビが入って、そのまま修復できなくなってしまう場合もあります。

そういう事態になってしまうことは、自分自身にとって決して良いことではないと思います。

では、どうすれば「口うるさい人」につき合っていけるのかと言えば、その方法の

一つとして**「感謝する」**というものがあります。

口うるさい人に対してイライラしてしまう人というのは、恐らく、その相手の言葉を「そんなことは言われなくてもわかっているから、言わないでほしい」と思っているのではないでしょうか。

そこには、「私は、口うるさい人の被害者だ」という意識が働いていると思います。

この被害者意識を転換するのです。

口うるさい人に対して、**「あの人からいろいろ言ってもらえることは、ありがたい。自分が気づかなかったこと、忘れていたことを気づかせてもらえる。その意味では、感謝しなければならない」**という意識を持つのです。

もちろん、すぐに、そのように意識を切り替えることは難しいかもしれません。

しかし、努力して、そのような感謝の気持ちを持つことは大切だと思います。

感謝の気持ちを持つことで、口うるさい人への抵抗感が和らいでいきます。

そして、その人と円満につき合っていけるようになります。

「あら探し好きな人」とは、その人をほめながらつき合っていく

◆ほめれば相手は満足して何も言わなくなる

人のあら探しばかりをする人がいます。

他人の欠点ばかりを見つけて、いちいち指摘してくる人です。

「あなたって、優柔不断な人ですね」

「案外、あなたは気が弱いんですね」

「あなたって、しっかりしているように見えて、そそっかしいんですね」

といった具合です。

そんな「あら探し好きな人」は、近くにいるだけで、イライラさせられます。

また何か嫌なことを言われるのではないかと思えてきてしまうからです。

このような「あら探し好きな人」と上手につき合っていくコツとしては、まず、**な**

ぜこのタイプの人は他人の欠点ばかりを指摘したがるのかという心理背景を理解することが大切です。

このタイプの人は、「他人と自分とを比べて、優越感に浸《ひた》りたい」という意識が強いのです。

ですから、他人のあら探しをします。

相手の欠点を見つければ、「自分は、この人よりも上だ」という優越感を得られるからです。

したがって、そのような相手と上手につき合っていくコツとしては、**「ほめる」**ということが挙げられます。

普段から、**「あなたは、すごい人ですね」**とほめて、つき合っていくのです。

そうすれば、その人は、他人の欠点をいちいち指摘しなくても、優越感に浸れます。

ですから、ことさら、人のあら探しをして欠点を指摘してくることもなくなるのです。

第8章
恥をかかされても、怒らない

恥をかかされることがあっても、笑い話で済ましてしまう

◆怒りや恨みの感情を起こさない

他人に恥をかかされることがあると思います。

みんながいる前で批判されることもあると思います。

みんなが聞いているところで、自分の昔の失敗を暴露《ばくろ》されることもあるでしょう。

そして、みんなから笑われてしまいます。

もちろん、とても恥ずかしい思いをすることになります。

それと同時に、自分に恥をかかせた相手に対して強い怒りと恨《うら》みを感じることになります。

しかし、そのような怒りと恨みの感情は、自分の人生に決して良い影響を与えるこ

とはありません。

むしろ、マイナスの影響を与えます。

怒りと恨みの感情のために、気持ちが惑わされて、やらなければならないことに集中できなくなります。

ムカムカしたり、イライラしたりする感情のために、気持ちが暗くなり、生活を楽しめなくなります。

そのために、自分の人生が悪い方向へと導かれていってしまうのです。

そうならないために大切なことは、**「あまり大げさに考えない」**ということだと思います。

「恥をかかされた」と、あまり深刻に思い詰めるのではなく、もう少し楽天的に、**「みんなに笑い話を提供できて良かった。私の話で、みんなが一時、明るく笑ってくれたのだから良かったじゃないか」**と考えてみます。

そうすることで、怒りと恨みの感情に惑わされずに済むと思います。

そして、自分の人生をより良い方向へ持っていくことに集中できるのです。

自分に恥をかかせた相手とは、距離を置いてつき合っていく

◆少し離れることで怒りや恨みが静まる

鎌倉時代末期から南北朝時代にかけての随筆家《ずいひつか》だった吉田兼好《よしだけんこう》（13〜14世紀）は、**「恥をかかされたからといって、怒ったり恨んだりしないことが大事だ**（意訳）**」**と述べました。

この世に生きていれば、職場での人間関係で、あるいは友人たちとの関係で、誰かに恥をかかされるということもあると思います。

しかし、そこで、自分に恥をかかせたその相手に激しい怒りを感じたり、あるいは恨みを感じたりしないほうがいいと、吉田兼好は指摘しているのです。

なぜなら、怒りや恨みといった感情は、自分の精神状態に悪い影響をもたらすからです。

では、どうすれば、そんな怒りや恨みといった感情に惑わされずに済むのかと言えば、その一つの方法として、**「自分に恥をかかせた相手との関係を見直す」**ということが挙げられます。

その相手と、それまでは親しくつき合っていたのかもしれません。

一緒にいる時間も多かったのかもしれません。

しかし、これからは、少し距離を置いてつき合うようにするのです。

たとえば、必要最低限のことしかしゃべらないようにします。

しかも、事務的なことしかしゃべらないようにします。

感情を交えずに、たんたんとつき合っていくようにします。

そのように距離を置いてつき合っていくことで、その相手に対する怒りや恨みといった感情も薄らいでいくのです。

少なくとも、自分に恥をかかせた相手に対して、**「仕返しをしてやろう」などとは考えないほう**がいいでしょう。

無益なケンカを引き起こすと、いっそう心が乱れていくばかりだからです。

プライドが高すぎる人は、怒りの感情にとらわれやすい

◆高すぎるプライドを少し弱めてみる

ささいなことであるにもかかわらず、「恥をかかされた」と激しい怒りを感じてしまうタイプの人がいます。

ある男性は、ある日、同僚たちの前で上司から叱られたことがありました。

しかし、特別ひどい言葉で叱られたわけではありませんでした。

彼に落ち度があり、しかもその上司は穏やかな口調で叱ったのです。

それにもかかわらず、彼は、「みんなが見ている前で、恥をかかされた」と必要以上に考えてしまいました。

彼はその上司に怒り、またその上司を恨んだのです。

その結果、仕事にもやる気をなくし、仕事を通して実現したいと思っていた願望も

今は見失っている状態にあるのです。

この男性のような人は、プライドが高すぎることが多いのです。

必要以上にプライドが高すぎる人は、自分の落ち度を素直に認めることができません。

しかも、自分の落ち度を誰かから非難されることがあると、「恥をかかされた」と、その相手を逆恨みすることもよくあるのです。

しかし、それは決して、自分にとって良いことではありません。

この事例の男性のように、結局は、そのために自分自身が生きる意欲を失っていくことになりやすいからです。

そういう意味では、このようなタイプの人は、**高すぎるプライドを少し弱めるほうがいい**と思います。

そうすれば、自分に落ち度がある時には、素直な気持ちで、それを反省できるようになると思います。

プライドには、自分にとって良いものと悪いものがある

◆相手の言葉にすぐに反発しないようにする

自分にプライドを持って生きていくことは大切なことです。

それが生きる支えになり、生きる意欲にもつながっていくからです。

しかし、プライドには、良いものと悪いものがあるのも事実です。

「良いプライド」は、心に明るい希望をもたらします。

そして、その希望に向かって、がんばっていこうという意欲をもたらします。

その一方で、「悪いプライド」もあるのです。

それは、生きることを、かえって苦しいものにしてしまいます。

怒りや苛立《いらだ》ちや苦労といったさまざまなマイナス感情をもたらすのが、「悪いプライド」なのです。

「悪いプライド」とは、言い換えれば、「高すぎるプライド」と言っていいと思います。

たとえば、誰かにささいなことで注意を受けただけで「恥をかかされた」と怒り、その相手に対して恨みを抱き、そしてイライラを抑えられなくなってしまうというのは、「悪いプライド」「高すぎるプライド」の典型的な例だと思います。

「良いプライド」を持つ人であれば、誰かにささいなことで注意を受けただけで、「恥をかかされた」とは考えません。

素直に相手の言葉を受け入れて、反省すべき点は反省します。

そうすることによって、さらに自分が偉大な人間へと成長していけると知っているからです。

「プライドのために、私はいつも激しい怒りを感じてしまう」という自覚がある人は、**相手の注意の言葉にすぐに反発してしまうのではなく、まずは相手の言う言葉をよく聞いてみるという意識を持つ**ほうが良いと思います。

そういう心の余裕を持つことも、不動心につながります。

自分の成功につながる忠告ならば、素直に受け入れる

◆忠告が自分の成長に役立つかどうか考えてみる

イギリスの政治家であり自然科学者だったジョン・ラボック（19〜20世紀）は、「**去年の自分より今年の自分が成長していないということが、立派な恥である**（意訳）」と述べました。

たとえば、誰かから忠告を受けることがあったとします。

その際、そこですぐに「バカにするな」と反発したり、「私は恥をかかされた」と恨みに思うのではなく、**「その忠告を受け入れれば、自分は成長できるかどうか」ということを考えてみる**のです。

実は、「良いプライド」を持つ人は、誰かから注意を受けた時に、そのような基準で相手の言葉を判断することができるのです。

そして、もしその注意を受け入れれば、自分はもっと成長できるということがわかれば、もう怒ったり恨みに思うようなこともありません。

むしろ、「良い忠告をしてくれて、ありがとう」と、その相手に感謝する気持ちにもなれるのです。

「良いプライド」を持つ人にとって、他人から忠告されるということは、何ら恥ではありません。

ジョン・ラボックがこの言葉で指摘しているように、「自分が成長していない」ということこそが、「良いプライド」を持つ人にとっては恥なのです。

そうならば、他人から忠告を受け入れて、自分の成長を促すほうがずっと賢明な生き方になるのです。

大切なことは、忠告や注意、あるいは非難を受けた時に、すぐに感情的になるのではなく、そこで**「これを受け入れれば、自分の成長につながるか」**を考えることです。

そういう心の習慣を持つことが、不動心につながります。

感情的になると、かえって自分が窮地に追い込まれていく

◆動じない心、落ち着いた気持ちで対処する

嫌がらせや批判をされた時、もっともしてはいけないのは、「感情的になる」ということです。

したがって、まず大切になるのは、「不動心を守る」ということなのです。

「動じることなく、落ち着いた気持ちでものを考える」ということです。

そのような不動心があってこそ、たとえば、「自分の味方になってくれる人に相談する」「堂々とした態度で対処する」「その場から離れる」といった賢明な対処策を取ることができるのです。

しかし、そこでもし感情的になってしまったら、どうなるでしょうか。

それを考える上で参考になる言葉がありますので、ここで紹介しておきます。

イギリスの詩人であり劇作家だったベン・ジョンソン（16〜17世紀）は、**「悪口に腹を立てる人は、その悪口を周りの人たちに真実だと思わせてしまう（意訳）」**と述べました。

たとえば、職場の同僚に、「私に迷惑をかけないでくれ。あなたはこれだから困るよ」と嫌味を言われたとします。

そこで、カッと感情的になって、「私が迷惑をかけたってどういう意味だ。どういう根拠で言っているんだ」と声を荒らげたとします。

そうすると、周りの人たちは、そんなふうに感情的になった自分に、どんなイメージを抱くことになるでしょうか？

周りの人たちは、きっと、「あんなに腹を立てているところを見ると、この人は本当に、人に迷惑をかける困った人なのかもしれない」という疑いを抱くようになってしまうのです。それこそ、自分にとっては恥ずかしい結果になります。

そういう意味のことを、ベン・ジョンソンは言っているのです。

そういう意味では、あくまでも冷静に、不動心で対処するのが良いと思います。

明日の成功へ目を向けることで、心が動じなくなっていく

◆失敗にとらわれず、未来へ心を向ける

人間ですから、時には、失敗することもあると思います。

失敗したことで、周りの人たちから笑われたり、からかわれたり、悪口を言われたりして、恥ずかしい思いをすることもあるでしょう。

そのことでプライドがボロボロに傷ついてしまって、立ち直れないくらい落ち込んでしまうこともあるかもしれません。

そのような時に大切なのは、**未来の希望へ意識を向ける**ことです。

やってしまった失敗は、もうどうしようもありません。

それを取り消すことはできません。

しかし、未来は、これから自分の努力で作り上げていくことができます。

今日失敗して恥ずかしい思いをしたとしても、自分次第で明日成功を手に入れて、みんなから称賛を受けることができるのです。

社会福祉事業家だったヘレン・ケラー（19～20世紀）は、**「今日の失敗ではなく、明日訪れるかもしれない成功について考える」**と述べました。

明日の成功について考えることで、明るい希望が生まれます。

気持ちが軽くなって、失敗をして恥ずかしい思いをしたことなどどうでもいいと思えてきます。周りの人たちから笑われたり、悪口を言われたことも、あまり気にならなくなるのです。

そういう意味で言えば、「明日訪れるかもしれない成功について考える」ことは、不動心を養うための方法の一つになります。

やってしまったことばかり、過ぎ去ってしまった過去ばかりに意識を奪われることなく、未来へ目を向けることが大切です。

そうすれば、心が動じなくなります。

不完全な存在だからこそ、人間は努力していく

◆成長する努力こそが生きがいだと考える

オーストリアの精神科医であり心理学者だったアルフレッド・アドラー（19〜20世紀）は、**「自分が不完全なことを、認める勇気が必要だ。人間は、不完全だからこそ、努力する」**と述べました。

人間は「不完全な存在」ですから、時には、失敗をします。恥ずかしい思いをすることもあります。

誰かに自分の欠点を指摘されて悪口を言われたり、非難されることもあるでしょう。

しかし、そこで落ち込んだり、悩んだりすることはないのです。

感情的になって、取り乱す必要もありません。

アドラーが、この言葉で述べているように、「人間は、不完全だからこそ、努力す

る」のです。

より完全な姿を目指して努力できるということは、すばらしいことだと思います。

そこに生きがいが生まれます。

さまざまな喜びが生まれます。

そして、そのような生きがいや喜びを生み出す努力ができるのは、「不完全だからこそ」なのです。

ですから、自分が不完全なところを指摘されて悪口や皮肉を言われたとしても、それほど気にすることはありません。

感情的になって怒ることもないのです。

「人間に不完全なところがあるのは当たり前。だからこそ私は一生懸命になって努力している」といった気持ちで、相手の言葉を軽く聞き流してしまえばいいのです。

大切なのは、自分自身が**成長する努力をしていくことを忘れない**ことです。

怒りの感情で心が乱れると、「大切な目的」を見失うことになる

◆悪口を軽い気持ちで受け流していく

中国の思想書である『菜根譚《さいこんたん》』（16〜17世紀成立）に、**「波が乱れていては、水面に映る月を見ることはできない**（意訳）**」**というものがあります。

この言葉にある「波が乱れる」とは、「感情が乱れる」ということを意味しています。

たとえば、誰かに、自分の欠点をあからさまに指摘されて、嫌な思いをしたとします。

そのときに「恥をかかされた」と腹を立てて、感情を乱すようなことがそれにあたります。

そして次の、「水面に映る月」とは、「人生の大切な目的」を示しています。

その月を「見ることはできない」ということは、「人生の大切な目的を見失う」とい

うことです。

つまり、**「怒りの感情にかられて感情を乱すと、人生の大切な目的を見失う」**ということなのです。

この場合、「人生の大切な目的」とは、「自分の不完全な部分を克服して成長していくこと」と理解してもいいと思います。

そのような努力を重ねて、人間として成長していくことです。

その意味では、もちろん、自分自身では「私には不完全な部分がある」とわかっているのです。

しかし、それを他人から嫌味な言い方で指摘されてしまうと、思わずカッとなってしまうのです。

そして、その不完全なところを克服していくために努力していかなければならないのを忘れてしまうほど、感情を乱してしまいます。

そうならないためには、他人から**自分の不完全な部分を指摘されて悪口を言われたとしても、「まあね」といった軽い気持ちで受け流してしまう**ほうが賢明です。

わかっていることを指摘されると、なぜか腹が立ってくる

◆嫌味に振り回されず、自分がやるべきことに専念する

他人から言われる批判や悪口というものは、そのほとんどが、自分自身にとっては「そんなことはわかっている」ということではないかと思います。

しかし、自分ではわかっていることなのですが、それを他人から指摘されると、腹立たしい気持ちになってしまいがちです。

たとえば、受験生には、よく次のようなことがあります。

自分自身では、「そろそろテレビを見るのをやめて、勉強しなければならない」とわかっています。

しかし、そのわかっていることを、母親から、「いつまでテレビを見ているのよ。あなたって本当に怠《なま》け者ね。早く勉強を始めなさいよ」と嫌味っぽい言い方で注意され

ます。

すると、思わず腹立たしい気持ちになって、「勉強なんてしてやるものか」と、そのままテレビを見続けてしまうのです。

人は、どうも、自分ではわかっていることであっても、それを他人から嫌味な言い方をされると、怒りから反抗的な態度を取ってしまう傾向があるようです。

しかし、そのまま勉強しないでいたら、結局は、損するのは自分なのです。

受験生のみならず、サラリーマンにも、これと似たようなことがあると思います。

がんばって仕事を終わらせなければと思っているところに、同僚から、「あなたって、いつもグズグズしているんですね。がんばって仕事をしなさいよ」などと嫌味を言われると、思わずカッとなって、仕事への意欲を失ってしまいます。

しかし、仕事への意欲を失って損をするのは、自分自身なのです。

したがって、**他人の嫌味に振り回されずに、とにかく自分がやるべきことに集中するほう**が得策です。

第9章
好きなこと、やりたいことを貫く

「没頭するもの」が、不動心を養ってくれる

◆自分の願望に全力で没頭していく

生きていると、周りの人たちから悪口を言われたり、非難されることがよくあるものです。

また、その悪口や批判が的を射たものであればまだいいのですが、単なる言いがかりとしか言いようのないものもあります。

したがって、そのような悪口や非難に動揺することなく、不動心を持って生きていくことが大切です。

では、どのようにしてそのような不動心を身につけるかと言えば、その方法の一つに、**「一つの願望に向かって全力で没頭していく」**ということが挙げられます。

そのように「没頭していくもの」がある人は、周りの人たちから受ける悪口や非難

に動揺することはあまりないのです。

周りの人たちから、ひどいことを言われることがあっても、いちいち気にしないのです。

「そんなことを気にしている暇《ひま》があったら、自分の願望の実現のために、やるべきことに没頭したい」という意識が強いのです。

発明家であり、現在のトヨタ自動車グループの創業者である豊田佐吉《とよださきち》（19～20世紀）は、**「一生を通じてこの発明事業に没頭することほど、私にとって大切なことはない**（意訳）**」**と述べました。

豊田佐吉も長い人生の中で、周りの人たちから悪口や批判を受けることもあったと思います。

しかし、彼には「没頭するもの」がありました。

それは、「発明事業」という仕事でした。

そのため、彼は、周りの人たちから何か言われたとしても、それで動揺することなく、大きなことを成し遂げられたのだと思います。

信念ある生き方をしている人は、批判に動じることはない

◆願望に向かってたんたんと生きる

フランスのファッションデザイナーにココ・シャネル（19〜20世紀）がいます。

シャネルがデザインした帽子や洋服は、今でこそ絶賛されていますが、当時は、それまでの伝統を打ち破ってしまうような新しさにあふれていましたから、「悪趣味だ。だらしない」などと批判されることも多かったようです。

しかし、シャネルは、そんな批判に打ち負かされることはありませんでした。

彼女は、**「自分の生き方を決めると、人はクヨクヨしなくなる」**と述べました。

この言葉にある「自分の生き方を決める」とは、自分のやるべきことを信じ、それに従って生きていくことを決心する、ということです。

自分ならではの願望を見つけ出し、その願望に向かって信念を持って生きていく、と

いうことです。

そのような信念ある生き方をしている人は、周りの人たちから批判されることがあっても、もはやクヨクヨすることなどなくなるのです。

他人の批判など気にせずに、自分が目指すところに向かって動じることなく、たんたんと進んでいくことができるのです。

そういう意味のことを、シャネルはこの言葉で示しているのです。

言い換えれば、周りの人たちから批判を受けて心が動揺してしまうというのは、それだけ信念が固まっていない証しなのかもしれません。

そういう人は、**まずは、自分はどういう生き方をするのが良いのかを、じっくり考えてみる**必要があると思います。

その結果、自分ならではの願望を見つけ出し、信念が固まれば、批判に動じない心も養われていくのです。

「認められたい」と考えるよりも「自分を貫く」と考えるのがいい

◆悪口や非難に惑わされずに生きる

「人に認められたい」という気持ちを持つことは大切なことだと思います。

それが意欲を生み出し、仕事を成功させる原動力になるからです。

また、それが、自分自身の成長につながっていくのです。

しかし、この「人に認められたい」という気持ちが強すぎると、他人から言われる悪口や非難に惑わされやすくなる、という一面もあります。

たとえば、「人に認められて、どうしても成功したい」と、強く願ったとします。

しかし、周りの人たちから悪口や批判を浴びます。そうすると、その本人としては、「なぜなんだ」と大きなショックを受けてしまうことになるのです。

そういう意味では「人に認めてもらいたい」と、あまり強く思い込まないほうがいいいと思います。

芸術家の岡本太郎は、**「人に認められたいなんて思い込み過ぎないで、自分自身を貫くのが大切だ**（意訳）**」**と述べました。

つまり、人から認められる、認められないということとは別に、「自分がやりたいことを貫いていく」という気持ちを持っておくことが重要です。

そうすれば、人から悪口や批判を受けた時、**「それは、あの人の考え方にすぎない。私は私が正しいと思っていることを、やり通すまでだ」**と、いい意味で開き直って考えることもできるのです。

そして、実際には、「人に認められたい」と強く思い込んでがんばっていくよりも、**「自分がやりたいことを貫いていく」と考えて努力していくほうが、成功する確率はずっと高くなる**のです。

「人に認められたい」と思い込んでがんばっている人は、誰かから悪口や批判を受けることがあると、そこで挫折してしまう人が多いのです。

批判を怖れずに、積極的にチャレンジしていくのがいい

◆自分の殻に閉じこもらない

「人から批判されるのが怖くて、何もできない」という人がいます。

自分で何かやりたいことがあっても、それを行動に移せません。

企画書を書いて、上司のところに持っていくこともできません。

会議の席などで、自分に意見があっても、それを発言することができません。

そんなことをして、「くだらない」「失敗するに決まっている」「ありきたりの意見だ」などと、人から批判されるのが怖いのです。

そのために、自分の殻《から》にどんどん閉じこもっていってしまいます。

これは、その人自身にとって、とても残念なことだと思います。

自分の可能性を、自分自身で狭めてしまっているようなものだからです。

批判されることなど気にせずに、自分がやりたいと思うことにはどんどんチャレンジしていくほうがいいでしょう。

そのためには、**いい意味で開き直る**ことが大切です。

批判された時は、批判された時でいいのです。

批判されることを、あまり深刻に考えないことです。

その時は、また別の方法で再チャレンジすればいいのです。

そのように上手に開き直ることで、「批判されたくない」という意識から自分自身が解き放たれます。

今よりも、もっと自由に、のびのびと生きていけるようになります。

そして、人生に満足感が生まれます。

自分の発言や行動を非難する人が現れたとしても、そこで落ち込んでしまうことはなく、むしろ「私は積極的にチャレンジした」という満足感を得ることができるのです。

「批判されたくない」と思うと実力を発揮できなくなる

◆いい意味で開き直ってプレッシャーを消す

スポーツ選手のインタビューを聞いていると、「プレッシャーから、実力を発揮できなかった」といった話を聞くことがあります。

たとえば、オリンピックなどの世界的な競技大会で大活躍を期待される選手がいます。

そんな選手は、大きなプレッシャーを感じることになります。

もちろん、期待通りに大活躍できればいいのです。

しかし、もし活躍できなければ、マスコミなどからバッシングを受けることになります。

世間の人たちからも批判されることになります。

そんなバッシングや批判への恐怖感が、強いプレッシャーになってしまうのです。

そして、そのプレッシャーのために、実力を発揮できなくなるのです。

そして、結局は、バッシングや批判を招くことになります。

このような残念な結果にならないために大切なことは、**いい意味で開き直る**ことです。

「『活躍できなかったら、どうしよう』などといった不安は消し去って、競技を自分なりに大いに楽しもう」というように開き直ってしまうことです。

そのように開き直ってしまったほうが、むしろ実力を発揮できるのです。

そして、期待通りに活躍できるのです。

一般の会社などでも、「期待されている社員」ほど、このスポーツ選手と同じような経験をするかもしれません。

つまり、活躍できずにバッシングや批判されることへの恐怖心が強いプレッシャーになって、かえって実力を出せないで終わってしまうのです。

そういう時も、いい意味で「開き直る」ことで、動じないでいられるのです。

いい意味で開き直って、自分が楽しむことを優先する

◆批判されることへの恐怖心を消す

いい意味で「開き直る」とは、言い換えれば、**意識の持ち方を変える**、ということだと思います。

たとえば、「批判されるのが怖い」という意識を転換して、**「全力を出すことだけに集中する。結果は気にしない」**と考えるようにするのです。

「失敗したら、みんなから悪口を言われる」という不安を消し去って、**「失敗したらその時はその時だ。結果よりも過程を楽しんでいこう」**と考え方を切り替えることです。

そのようにポジティブな方向へと意識の持ち方を変えていくことが、「開き直る」ということなのです。

一般的には、「開き直る」ということは、あまりいい意味で受け取られてはいません。それは「投げやりになる」とか「放り出す」といった意味のことが多いからです。

しかし、「開き直る」ということには、いい意味もあるのです。

そのいい意味で上手に開き直ることができれば、批判されることへの恐怖や不安を消し去ることもできるのです。

そういう意味では、もし批判されることへの恐怖や不安をから強いプレッシャーを感じ、切羽詰まった状態になっている時には、いい意味で開き直ってしまうほうがいいのです。

その第一歩は、**「周りの人から、どう思われるか」という意識を捨て去ってしまうこと**にあります。

そして、**自分が楽しむことだけに意識を集中する**ことです。

自分がやるべきことだけに専念するのです。

意識を、周りの人たちから自分自身へ移すことによって、いい意味で開き直ることができるのです。

「ダメな時はダメな時、しょうがない」と上手に開き直ってしまう

◆上手に開き直ると気分が爽快になる

実業家である堀場雅夫《ほりばまさお》（20～21世紀・堀場製作所創業者）は、

「尽くすべき手を尽くしたら、『自分はやるだけのことはやった。これだけやったんだから必ず成功する』と思えばいいのである。そう思える仕事をしたときは爽快《そうかい》な気分になれるものだ。

一方で、『これだけやってもダメなら誰がやってもダメさ』という開き直りの気持ちでいればいい」

と述べました。

これは、いい意味で開き直ることの大切さを教えてくれる言葉だと思います。

まず大切なことは、「自分がやるべきことをやる」ということです。

ただ、それだけに集中する、ということです。

そして、「そうすれば、必ず成功する」と思い込むことです。

そうすれば、「もしうまくいかなかったら、周りの人たちから批判されることになるだろう」といった不安も消えていきます。

堀場雅夫のこの言葉にあるように、これで「爽快な気分」になれるのです。

しかし、それでも、周りの人たちから悪口や批判を受ける結果になることを心配する人もいるかもしれません。

そんな時には、もう、「これだけやってもダメなら、誰がやってもダメだ」と開き直ってしまえばいいのです。

つまり、**もし失敗した時は、「これはもうしょうがないことだったんだ」と、いい意味で開き直ってしまえばいい**ということです。

そこまで開き直れば、あとは怖いものなしでしょう。

やるべきか、やらないべきか迷ったら、やってしまうほうがいい

◆やってもやらなくても批判はされる

アメリカの第32代大統領フランクリン・ルーズベルトの妻は、エレノア（19～20世紀）という女性でした。

彼女は大統領夫人として、また、人権活動家として活躍しました。

このエレノアは、**「自分がすべきだと思うことをしなさい。いずれにしても批判されるのだから」**と述べました。

たとえば、自分がすべきと思うことにまい進したとします。

しかし、そうすると、

「あんなことをやっても意味がない」

「あの人は、自分の我がままを押し通しているだけだ」

といった批判を浴びることがあります。

それでは、自分がすべきと思うことがあっても、何もしないほうがいいのかと言えば、それはそれで、

「あの人は、行動を起こす勇気がない」

「何もしないでいるなんで、あの人は怠《なま》け者だ」

と批判されることになるかもしれません。

結局は、自分がすべきだと思うことをしても、しなくても、自分を批判してくる人は必ずどこかに現れてくるものなのです。

そして、もしそうならば、**自分がすべきだと思うことを積極的に行っていくほうがいい**と思います。

そのほうが、充実した人生を実現できますし、大きな満足感を得られます。

エレノアは、この言葉で、そう説いているのです。

何をやっても批判されるなら、自分がやりたいようにやる

◆人の批判は参考程度に聞いておく

仏教の創始者であるブッダ（紀元前5〜4世紀頃）は、

「昔から今まで、人びとは黙って座っている人を非難し、多く語る人を非難し、少ししか語らない人を非難する。

この世に非難されない人はいない」

と述べました。

この言葉は、**「結局人は、何をやっても、誰かから非難される」**ということを意味しています。

たとえば、「こうすれば、すばらしい成果を得られるのではないか」と考えて行動を起こします。

すると、「そんなやり方はダメだ」と批判してくる人が現れます。

その人の批判に従って、やり方を修正します。

すると、また、「そんなやり方では失敗するに決まっている」と批判してくる人が出てきます。

そこで、また、やり方を修正します。

すると、また、「どうして、あなたは、そんなことしかできないのか」と、批判してくる人がどこからか現れるのです。

結局は、何をどうやっても、批判してくる人からは逃れられません。

そうならば、**いっそ、自分がやりたいようにのびのびと進めていくほうがいい**のです。

それで**批判されることがあっても、その相手の言葉は参考程度に聞いておいて、あまり気にせずに、自分の望む方向へ進んでいけばいい**のです。

そのように覚悟を決めれば、人からどのような批判を受けても動じなくなります。

しっかりと自分の生き方を守ってやっていけます。

好きなことがある人は、批判に動じることはない

◆没頭できることを探してみる

マンガ家の水木しげる（20～21世紀）は、**「好きなことに没頭する。そのこと自体が幸せだ**（意訳）**」**と述べました。

人にとっては、やはり、好きなことに没頭している時が、もっとも充実し幸せだと思います。

そして、人生が充実し幸福感に満ちていれば、誰かに批判されるようなことがあっても、あまり気にならないものなのです。

そういう意味では、**自分が好きなことを見つけること**は、とても大切なことだと思います。

「私にとって、何が好きなものなのかわからない」という人もいるかもしれません。

そのような人は、**とにかく、いろいろなものにチャレンジしてみる**ことだと思います。その過程の中で、きっと、好きになれるもの、やっていて心から楽しいと思えるものが見つかると思います。

それは必ずしも、仕事でなくてもいいと思います。

生きがいとなるような趣味であってもいいと思います。

好きなことを仕事にできれば、それに越したことはないでしょうが、たとえ趣味であってもいいのです。

好きなことがあり、それに没頭する時間がある人は、精神的にゆとりを持つことができます。

その結果、たとえ仕事の場で批判されたり悪口を言われることがあったとしても、心のゆとりがあるので、上手にかわすことができるのです。

他人から受ける批判や悪口に動じたり、取り乱したりすることはないのです。

したがって、常に「好きなこと、没頭できること」を持っておくほうがよいのです。

好きなことや、没頭できることがあることで、今よりもずっと逞《たくま》しく、動じることなく生きていけます。

植西 聰（うえにし・あきら）
東京都出身。著述家。
学習院大学卒業後、資生堂に勤務。
独立後、人生論の研究に従事。
独自の『成心学』理論を確立し、人々を明るく元気づける著述を開始。
一九九五年（平成七年）、「産業カウンセラー」（労働大臣認定資格）を取得。

〈主な著書〉
・折れない心をつくるたった1つの習慣（青春出版社）
・平常心のコツ（自由国民社）
・「いいこと」がいっぱい起こる！ブッダの言葉（三笠書房・王様文庫）
・マーフィーの恋愛成功法則（扶桑社文庫）
・ヘタな人生論よりイソップ物語（河出書房新社）
・運がよくなる１００の法則（集英社・be文庫）
・運命の人は存在する（サンマーク出版）

〈近著〉
・ひとりの時間が心を強くする（青春出版社）
・すぐ動くコツ（自由国民社）
・運命の人とつながる方法（文響社）
・プラスの選択で人生は変わる（海竜社）
・逆境を乗り越える50のヒント（ＰＨＰ研究所）
・いつまでも若々しく生きる！小さな習慣（辰巳出版）

不《ふ》動《どう》心《しん》のコツ
どっしりと構えて生きる96の方法
二〇一八年（平成三十年）二月二十六日　初版第一刷発行
著者　植西 聰
発行者　伊藤 滋
発行所　株式会社自由国民社
東京都豊島区高田三―一〇―一一
〒一七一―〇〇三三　http://www.jiyu.co.jp/
振替〇〇一〇〇―六―一八九〇〇九
電話〇三―六二三三―〇七八一（代表）
造本　ＪＫ
印刷所　新灯印刷株式会社
製本所　新風製本株式会社